AQA German

Exclusively endorsed by AQA

AS

Monika Niedziela
Paul Shannon
Michael Wardle

Nelson Thornes

Published in 2008 by:
Nelson Thornes Ltd
Delta Place
27 Bath Road
CHELTENHAM
GL53 7TH
United Kingdom

08 09 10 11 12 / 10 9 8 7 6 5 4 3 2 1

A catalogue record for this book is available from the British Library

978-0-7487-9811-7

Illustrations by Stephen Elford

Page make-up by eMC Design, www.emcdesign.org.uk

Printed and Bound in Great Britain by Scotprint

Contents

Medien	Topic objectives (linked to AQA specification)	Grammar	Skills	Page
1 Fernsehen				**9**
A Fernsehen und Fernsehgewohnheiten	Express your opinions on the subject of TV Give descriptions of TV programmes Discuss TV viewing habits Express opinions about likes and dislikes of programmes	Use endings of verbs for the present tense	Express opinions	10
B Fernsehen gefährdet die Gesundheit	Discuss the benefits and dangers of watching TV Express your opinions about the dangers of watching TV	Determine the gender	Give advantages and disadvantages of TV	12
C Zukunft des Mediums Fernsehen	Discuss new technologies for watching TV Talk about trends regarding the future of TV viewing	Use qualifiers	Organise an essay	14
2 Werbung				**17**
A Werbung überall	Understand and produce vocabulary to describe advertisements Describe and discuss different types of advertising Comment on a range of sample advertisements	Use the perfect tense	Use pronunciation Pronounce German accurately	18
B Werbestrategien	Describe and discuss advertising techniques Consider the targeting of advertisements at children	Use indefinite pronouns *jemand, niemand*	Structure an argument for debate	20
C Vor- und Nachteile der Werbung	Discuss the benefits and drawbacks of advertising, including discrimination and stereotyping Consider restrictions and controls on advertising Consider the non-commercial use of advertising, e.g. charities	Use interrogative adjectives *welch …*	Persuade and convince people	22
3 Kommunikationstechnologie				**25**
A Rolle des Internets	Understand and produce the vocabulary for different uses of the Internet Understand and express wishes about the future of the Internet	Form and use the passive	Answer questions in German	26
B Internet – Gefahr oder Chance?	Discuss and evaluate the benefits and dangers of the Internet Discuss ways of making the Internet safer for young people Explore the impact that the Internet has had on everyday life	Use prepositions and cases	Understand compound words	28
C Technologie der Zukunft	Understand and produce the vocabulary for different types of electronic technology Discuss and evaluate the importance of electronic technology in young people's lives Explore potential developments in electronic technology	Use the future tense	Talk about possible developments	30
Die Kultur unserer Zeit				
4 Kino				**33**
A Filme und Filmstars	Understand and use the vocabulary needed for expressing your opinions on the subject of films Describe actors and types of films Express your opinion on film stars and various types of films	Use the perfect tense	Answer questions orally in German	34
B Ein guter Film, den ich gesehen habe	Narrate films Compose your own film critique	Use the imperfect tense	Look up irregular verbs	36
C Kino – Heimkino	Discuss different ways of watching cinema films Discuss different types of cinema Discuss the role cinema plays in our modern life	Use the genitive case	Give an oral presentation	38

5 Musik — 41

A	Musik und Musiktrends	Understand and use the vocabulary for different types of music Understand and give short descriptions and opinions of different types of music Explore different eras and trends in music	Compare adjectives	Express your opinion	42
B	Musik, die mir gefällt	Understand the language of praise and criticism of artists Explore trends in technology surrounding music Understand and explore the meaning of a song Express personal opinions and reactions to music Talk about some German artists	Use modal verbs	Summarise a listening passage in English	44
C	Macht der Musik	Understand and express the effect music has on people and explore the extent to which music is part of everyday life Explore people's reactions towards music festivals	Use possessive adjectives	Paraphrase words and passages	46

6 Mode — 49

A	Kleider machen Leute	Understand and express the vocabulary for complex types of clothing Understand and give short descriptions and opinions about types of clothes Explore how clothes have an effect on your image	Understand word order	Take notes and answer questions in German when listening	50
B	Lifestyle und Trends	Understand and describe trends and lifestyle Talk about your own favourite trend items and lifestyle activities	Form questions in German	Skim a reading text for gist	52
C	Schönheitsideale	Explore definitions and ideas about what is beautiful Discuss the cult of the supermodel Explore your own ideas about beauty	Use the nominative, accusative and the dative	Answer written questions in German	54

Gesund leben

7 Sport und Fitness — 57

A	Sport für alle	Understand and produce vocabulary to describe different sports Compare different types of sport, especially traditional versus 'fun' sports Discuss personal involvement in sport	Use modal verbs: simple past and imperfect subjunctive (conditional)	Give descriptions	58
B	Warum Sport?	Describe and discuss the benefits of sport and exercise Consider links between sport and other aspects of life, e.g. environmental protection	Use the infinitive with zu	Check for mistakes when using verbs	60
C	Vorbilder im Sport	Discuss the impact of role models in sport: positive and negative effects Describe and discuss the achievements of well-known sportswomen and sportsmen Consider the successful involvement of disabled people in sport	Use subordinate clauses and subordinating conjunctions	Use synonyms and antonyms	62

8 Gesundheit und Wohlbefinden — 65

A	Alkohol, Tabak und Drogen	Describe and discuss the effects of alcohol, smoking and drugs Discuss measures to reduce the consumption of alcohol, tobacco and drugs	Use key subjunctive forms Use relative clauses	Recognise and use key subjunctive forms	66
B	Iss gesund!	Understand and use vocabulary connected with healthy eating Discuss the link between diet and health Consider eating disorders and measures to overcome them	Use the imperative	Ask and understand questions	68
C	Arbeiten oder leben?	Discuss the effects of work on health Discuss the importance of a well-balanced lifestyle Consider the various factors that contribute to a healthy lifestyle Consider the risks to health through accidents at work	Use adjectival nouns		70

9 Ferien — 73

A	Urlaub – wohin?	Understand and produce the vocabulary to describe different types of holiday Understand and express holiday preferences	Use conditional sentences with *würde* + infinitive and the imperfect subjunctive	Give and justify opinions — 74
B	Urlaubstrends	Discuss the purposes and benefits of holidays Discuss and evaluate changing attitudes to holidays	Use particles: *doch, ja, mal, schon*	Understand and express statistics — 76
C	Sanfter Tourismus	Understand and produce the vocabulary of 'green' tourism Discuss the impact of tourism on holiday destinations Consider likely changes in holiday patterns	Use expressions of time	Avoid the passive — 78

Familie und Verwandtschaft

10 Familienbeziehungen — 81

A	Was sind gute Eltern?	Understand and produce vocabulary to describe the role of parents and the attitudes of young people towards them Describe a good relationship with your family	Use expressions in the infinitive	Find synonyms — 82
B	Was ist ‚eine Familie'?	Compare the changing models of family and parenting Consider the importance of good parenting	Use possessive adjectives	Listen and re-listen — 84
C	Brücken bauen	Describe the role of grandparents and the wider family Discuss ways to bridge the generation gap	Use the pluperfect tense	Anticipate answers in a recording or video — 86

11 Freundschaften — 89

A	Freunde fürs Leben	Understand and produce vocabulary to describe the roles and importance of friends Consider the characteristics of good friends	Use adjectival endings	Complete cloze texts — 90
B	Mein Kummerkasten	Discuss conflicts with friends and possible strategies used to deal with them	Use compound tenses (1) Future perfect	Write creatively — 92
C	Frauen regieren die Welt	Talk about the importance of love Discuss the difference between friendship and love	Use compound tenses (2) Conditional and conditional perfect	Listen to authentic songs — 94

12 Ehe und Partnerschaft — 97

A	Ehe oder Partnershaft?	Understand and produce vocabulary to describe the changing attitudes towards marriage, cohabitation and divorce Discuss the arguments for and against being married	Use the Subjunctive I	Structure arguments — 98
B	Neue Männer braucht das Land	Compare the changing roles of men and women within the family	Use the Subjunctive II	Discuss issues related to the family — 100
C	Bridget oder Indiana – welche Art von Jones sind Sie?	Discuss staying single: the benefits and drawbacks	Use impersonal expressions	Explain hopes, aspirations, ideals — 102

Grammatik — 105

Glossar — 124

Introduction

Nelson Thornes and AQA

Nelson Thornes has worked in collaboration with AQA to ensure that this book offers you the best support for your AS or A level course and helps you to prepare for your exams. The partnership means that you can be confident that the range of learning, teaching and assessment practice materials has been checked by AQA examiners before formal approval, and is closely matched to the requirements of your specification.

Blended learning

Printed and electronic resources are blended: this means that links between topics and activities in the book and the electronic resources help you to work in the way that best suits you, and enable extra support to be provided online. For example, you can test yourself online and feedback from the test will direct you back to the relevant parts of the book.

Electronic resources are published in a simple-to-use online platform called *Nelson Thornes Learning Space*. If your school or college has a licence to use the service, you will be given a password through which you can access the materials through any internet connection.

Icons in this book indicate where there is material online related to that topic. The following icons are used:

Learning activity

These resources include a variety of interactive and non-interactive activities to support your learning.

Progress tracking

These resources include a variety of tests that you can use to check your knowledge on particular topics (Test Yourself) and a range of resources that enable you to analyse and understand examination questions (On Your Marks…).

Study skills

This icon indicates a linked worksheet (*Arbeitsblatt*), available online to print out, with activities to develop a skill that is key for language learning, such as tackling reading passages or arguing a case.

Audio stimulus

This indicates that audio material for listening activities can be found online.

Audio record

This refers to a free-speech recording tool that enables you to record and store spoken work. Suggested use of this tool is indicated by the icon placed next to certain speaking activities throughout the book.

Video stimulus

This indicates that audio-visual material can be found online to support listening and other activities.

When you see an icon, go to *Nelson Thornes Learning Space* at www.nelsonthornes.com/aqagce, enter your access details and select your course. The materials are arranged in the same order as the topics in the book, so you can easily find the resources you need.

■ How to use this book

This book covers the specification for your course and is arranged in a sequence approved by AQA. The twelve chapters are arranged in the same sequence as the topics and sub-topics in the AQA specification, so there is always a clear link between the book and the specification. At the beginning of each chapter you will find a list of learning objectives that contain targets linked to the requirements of the specification.

The features in this book include:

Wussten Sie schon?

An anecdotal insight into facts/figures relating to each sub-topic.

Zum Aufwärmen

An introductory feature designed as an accessible starter activity for each chapter.

Grammatik

Summary grammar explanations and examples, linked to online worksheets.

(NB. A full grammar section can be found at the back of the book.)

Strategie

On most spreads, Skills features direct you to online worksheets that help build key language learning strategies.

Vokabeln

The most challenging new items of vocabulary from the reading texts on each spread are translated in these boxes. The online Vocabulary Builder helps you to learn these new words.

Schlüsselausdrücke

Key words and phrases designed to give you prompts for productive tasks.

Testen Sie sich!

A summary quiz that tests key language learnt in each chapter (also available as a multiple choice version online).

AQA Examiner's tips

Hints from AQA examiners to help you with your study and to prepare for your exam.

■ Web links in the book

Because Nelson Thornes is not responsible for third party content online, there may be some changes to this material that are beyond our control. In order for us to ensure that the links referred to in the book are as up-to-date and stable as possible, the web sites provided are usually homepages with supporting instructions on how to reach the relevant pages if necessary.

Please let us know at **webadmin@nelsonthornes.com** if you find a link that doesn't work and we will do our best to correct this at reprint, or to list an alternative site.

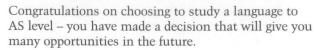

A message to students

Congratulations on choosing to study a language to AS level – you have made a decision that will give you many opportunities in the future.

Good foreign language skills are in short supply and can be used in many different jobs. Translating, interpreting and the travel industry obviously require linguists, but so too do many other areas of employment – financial services, marketing, engineering, logistics and journalism to name just a few. Or maybe you will use your language skills and understanding of French culture to make your holidays more enriching and enjoyable. Either way, there are many benefits of learning one or more languages to an advanced level.

The new AQA specification in modern languages has been designed to provide a coherent and stimulating course of study, whether as an end in itself or as a stepping stone towards further study at university. The topics have been carefully chosen to enable clear progression from GCSE and to address your needs and interests as A Level students.

In the examination you will be tested in the four essential skills of listening, reading, speaking and writing, including open-ended tasks that require you to express and justify opinions. You will also be tested on your understanding and application of French grammar and structures. Although cultural knowledge is no longer separately assessed at AS level, languages are spoken by real people in a real context and the stimulus materials are therefore rooted in French culture.

This course with its innovative online component has been compiled by experienced teachers and examiners to help you to prepare for the examination with confidence and make the most of your abilities.

The book is clearly laid out to match the topics and sub-topics in the AQA specification. Each sub-topic is presented through a range of texts, recordings and visual material, with new vocabulary introduced and highlighted where appropriate. Essential grammar points are explained clearly and 'skills' features direct you to online support that gives guidance on how to use the language like a native speaker. Open-ended speaking and writing tasks enable you to apply the new vocabulary and structures that you have learnt, including some more challenging tasks designed to extend your skills.

The online component provides additional stimulus material and support for activities in the book, as well as a range of interactive exercises and printable worksheets which you can use both independently and in class. The exercises provide plenty of practice of the grammar and structures presented in the book, together with topic-based activities that will help you prepare for the question types used in Units 1 and 2 of the examination. At the end of each sub-topic you will be able to test yourself through a multiple-choice quiz, focusing again on key vocabulary and structures, and at the end of each topic exam-style questions help you to practise answering the types of questions you can expect in the examination.

AQA and Nelson Thornes hope that you will find your language study rewarding and enjoyable, and we wish you success for AS and beyond.

Paul Shannon

AQA Senior Examiner

Medien

1 Fernsehen

By the end of this chapter you will be able to:

	Areas of study	Grammar	Skills
A **Fernsehen und Fernsehgewohnheiten**	■ Express your opinions on the subject of TV ■ Give descriptions of TV programmes ■ Discuss TV viewing habits ■ Express opinions about likes and dislikes of programmes	■ Use endings of verbs for the present tense	■ Express opinions
B **Fernsehen gefährdet die Gesundheit**	■ Discuss the benefits and dangers of watching TV ■ Express your opinions about the dangers of watching TV	■ Determine the gender	■ Give advantages and disadvantages of TV
C **Zukunft des Mediums Fernsehen**	■ Discuss new technologies for watching TV ■ Talk about trends regarding the future of TV viewing	■ Use qualifiers	■ Organise an essay

Wussten Sie schon?

Zahlen und Fakten

■ Fernsehen ist die wichtigste Freizeitbeschäftigung der Deutschen. Drei Stunden und 23 Minuten sehen sie täglich fern.

■ 93% der deutschen Jugendlichen zwischen 12 und 19 Jahren sehen mehrmals pro Woche fern.

■ 67% der Jugendlichen besitzen ein eigenes Fernsehgerät.

■ Für ein Drittel (34%) der Jugendlichen ist das Fernsehen das wichtigste Medium.

■ Jugendliche sitzen an Werktagen durchschnittlich 2,5 Stunden und am Wochenende 3,5 Stunden vor dem Fernseher.

■ Motive für das Fernsehen:
  1 zum Spaß
  2 zur Entspannung
  3 zur Information

■ Inhaltliche Präferenz:
  1 Serien (Seifenopern)
  2 Informationssendungen
  3 Spielfilme
  4 Werbung
  5 Sport

■ Mädchen sehen im Allgemeinen weniger fern als Jungen.

■ Jugendliche, die in ihrer Freizeit häufig Bücher lesen, sehen so gut wie nie fern.

■ Die meisten Jugendlichen essen und trinken beim Fernsehen.

Zum Aufwärmen

Quiz zum Fernsehverhalten! Kreuzen Sie an, was auf Sie zutrifft. Vergleichen Sie dies mit einer Partnerin/einem Partner. Was für Unterschiede gibt es?

1 Wann sehen Sie fern?
  a vor der Schule   c am Abend
  b nach der Schule   d am Wochenende

2 Welche Sendungen sehen Sie am liebsten?
  a Actionfilme   g Quizshows
  b Liebesfilme   h Talkshows
  c Zeichentrickfilme   i Krimis
  d Seifenopern   j Dokusoaps
  e Sportsendungen   k Musikkanäle
  f Nachrichten   l Sonstiges: ___

3 Was machen Sie beim Fernsehen?
  a essen und trinken   c Schulaufgaben
  b nichts   d schlafen

A Fernsehen und Fernsehgewohnheiten

1 💡 Was sind das für Sendungen? Machen Sie die Aufgabe online.

2 a Lesen Sie das Fernsehprogramm und beantworten Sie die Fragen auf Deutsch.

Das Erste

17:10 Dokusoap
Nashorn, Zebra & Co
Dokusoap über einen Zoo.

18:50 **Verbotene Liebe**
Seifenoper.
Als Coco sieht, dass Christian ihre Briefe liest, hat sie Hoffnung. Doch Christians Herz gehört nur Nico. Natalia ist mit Alkohol am Steuer erwischt worden und hat ihren Führerschein verloren.

19.20 **Das Quiz**

19.50 **Das Wetter im Ersten**

19.55 **Die Börse im Ersten**

20.00 **Tagesschau**

20.15 **Großstadtrevier**
Krimiserie. D 2007.

21.45 **Das Erste-Exklusiv**
Sozialreportage.
Ein Nachmittag bei der Hamburger Hochbahnpolizei.

RTL

18.00 **Für alle Fälle Amy**
Familienserie. USA 1999/2000.

19.00 **Das Wetter**

19.05 **SpongeBob Schwammkopf**
Zeichentrickserie.

19.40 **Gute Zeiten – Schlechte Zeiten**
Seifenoper.

20.15 **Wer wird Millionär?**
Quizsendung mit Günther Jauch.

21.15 **Kein Geld der Welt**
Komödie, Liebesfilm.
D 2006. Die junge Berliner Schuhverkäuferin Lisa gewinnt bei einem Radioquiz einen Wochenendtrip nach Mallorca. Sie verliebt sich in Jonas. Er ist angeblich der Sohn ihres reichen Arbeitgebers. Da behauptet Lisa, sie komme auch aus einer reichen Familie. Die Täuschung gelingt und es ergeben sich viele lustige Situationen. Am Ende erkennt Lisa, dass es besser ist bei der Wahrheit zu bleiben.

Arte

19.00 **Genmanipulation**
Wissenschaftliche Dokumentation.
F 2006.

19.45 **Info Spezial**
Thema: „Indien"

20.00 **Kulturjournal**

20.15 **Sommer, Sonne, Strand**
Dokuserie. F 2007.
Die Strände unserer Erde

20.40 **Die Stunde der Offiziere**
Zeitgeschichte. Collage aus Archivaufnahmen und Augenzeugenberichten über die **Personen**, die am 20. Juli 1944 Hitler ermorden wollten.

Schlüsselausdrücke

TV programmes

Es gibt weniger Seifenopern/ Krimiserien auf Kanal ...

Auf Kanal ... sieht man mehr Nachrichten/Wetterberichte.

Die Sendungen auf ... sind von hoher Qualität.

ein Dokumentar-/Nachrichten-/ Unterhaltungskanal

Programm ... bietet mehr Dokumentarfilme/Dokuserien/ Dokusoaps/Zeichentrickfilme/ Quizsendungen/Komödien.

i Auf welchem Programm gibt es eine Tiersendung?

ii Auf welchem Programm gibt es die meisten Nachrichtensendungen?

iii Auf welchem Programm gibt es die meisten Unterhaltungssendungen?

iv Auf welchem Programm gibt es die meisten Informationssendungen?

v Können Sie Unterschiede zwischen den drei Programmen entdecken?

vi Was für Kanäle sind Das Erste, RTL und Arte?

b 💡 Lesen Sie den Text noch einmal und machen Sie die Aufgaben online.

3 a Schauen Sie sich das Video an und beantworten Sie die folgenden Fragen für jede Person.

- Was sieht sie/er gern?
- Was sieht sie/er nicht gern?
- Warum sieht sie/er fern?

b Schauen Sie sich das Video noch einmal an und machen Sie die Aufgaben online.

4 💡 Befragen Sie sich gegenseitig und diskutieren Sie. Benutzen Sie das Arbeitsblatt.

i Wann sehen Sie fern?

ii Welche Sendungen sehen Sie am meisten? Warum?

iii Welche Fernsehsender und Programme sind am besten? Warum?

iv Was ist Ihr Lieblingsprogramm? Warum?

5 💡 Sehen Sie sich die E-Mail auf dem Arbeitsblatt an und schreiben Sie eine Antwort auf die E-Mail Ihrer Freundin/Ihres Freundes in Deutschland, in der Sie Ihre Fernsehverhalten beschreiben.

6 Versuchen Sie sich ein deutsches Fernsehprogramm anzusehen. Was halten Sie davon?

Schlüsselausdrücke

Opinions

Meiner Meinung nach sind die Simpsons am besten.

Ich meine, die Nachrichten sind informativ.

Ich finde … gut/schlecht/spannend.

Ich sehe gern/am liebsten …

Ich sehe lieber … als …

Ich sehe das anders.

💡 **Webtipps:**

www.tps.uk.com German TV in the UK

www.klack.de das TV-Magazin im Internet

◣ Strategie

Express opinions

1 Expressing an opinion
Ich finde es wichtig/gut/schlecht, dass …
Ich bin der Meinung, dass …
Ich glaube, dass …
Ich bin fest davon überzeugt, dass …
Ich denke, dass …

(*NB! After* dass *and* weil *the verb goes to the end of the sentence.*)

Meiner Meinung nach …
Meiner Ansicht nach …

2 Expressing the opposite opinion
Ich finde das nicht, weil …
Ich glaube das nicht, weil …
Ich bin nicht davon überzeugt, weil …
Da bin ich anderer Meinung: …
Da bin ich anderer Ansicht: …
Das sehe ich anders: …
Im Gegenteil: …

💡 Grammatik

Use endings of verbs for the present tense

Regular verbs
To form the present tense of most verbs, remove the *-en* or *-n* from the infinitive and add the following endings to the stem, e.g. *spielen*:

ich	spiel**e**	wir	spiel**en**
du	spiel**st**	ihr	spiel**t**
er/sie/es	spiel**t**	sie/Sie	spiel**en**

Irregular verbs
Some verbs take the same endings as the regular verbs, but there is also a vowel change in the *du* and *er/sie/es* forms, e.g. *sehen*:

ich	seh**e**	wir	seh**en**
du	si**e**hst	ihr	sch**t**
er/sie/es	s**ie**ht	sie/Sie	seh**en**

Separable verbs
Separable verbs are verbs which have a prefix on the infinitive (**fern**sehen). They can be regular or irregular and the prefix always separates from the verb and goes to the end of the sentence or clause while the verb stays in its normal position:

Samstags **sieht** er immer **fern**.

B Fernsehen gefährdet die Gesundheit

Vokabeln

sich bewegen *to move*
das Übergewicht(-) *obesity*
entwickeln *to develop*
die Fantasie(n) *imagination*
was sie mit sich anfangen
  sollen *what to do with themselves*
die Gebühr(en) *fee*
bestimmte Kanäle *certain channels*
öffentlich-rechtlich *public*
die Gewalt(-) *violence*
gewalttätig *violent*
der Zuschauer(-) *viewer*
die Flucht(-) *escape*
der Alltag(e) *daily grind*
verleiten *to tempt*
einsam *lonely*

1 Was sind für Sie die Vor- und Nachteile des Fernsehens? Machen Sie eine Tabelle und tragen Sie die unten stehenden Wörter und Ausdrücke ein. Haben Sie noch weitere Vorschläge?

Vorteile	Nachteile	neutral

Zeitvertreib

mehr Elektrosmog

weniger Miteinander

hohe Gebühren

Man braucht Platz für das Fernsehgerät.

höherer Stromverbrauch

Information

weniger Freizeit

Anschaffungskosten

Manipulation durch Werbung

Abwechslung

Unterhaltung

Entspannung

Fantasielosigkeit

Schafft Jobs wie Journalist, Kameramann usw.

2 a Lesen Sie folgende Forumsbeiträge zum Thema „Fernsehen ist gut für uns" und beantworten Sie die Fragen auf Englisch.

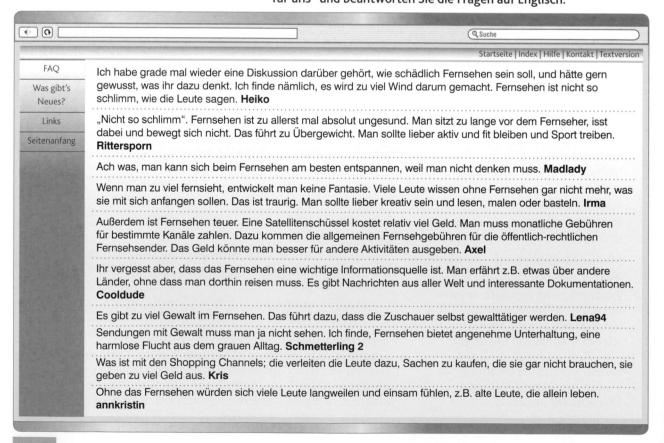

Startseite | Index | Hilfe | Kontakt | Textversion

FAQ
Was gibt's Neues?
Links
Seitenanfang

Ich habe grade mal wieder eine Diskussion darüber gehört, wie schädlich Fernsehen sein soll, und hätte gern gewusst, was ihr dazu denkt. Ich finde nämlich, es wird zu viel Wind darum gemacht. Fernsehen ist nicht so schlimm, wie die Leute sagen. **Heiko**

„Nicht so schlimm". Fernsehen ist zu allerst mal absolut ungesund. Man sitzt zu lange vor dem Fernseher, isst dabei und bewegt sich nicht. Das führt zu Übergewicht. Man sollte lieber aktiv und fit bleiben und Sport treiben. **Rittersporn**

Ach was, man kann sich beim Fernsehen am besten entspannen, weil man nicht denken muss. **Madlady**

Wenn man zu viel fernsieht, entwickelt man keine Fantasie. Viele Leute wissen ohne Fernsehen gar nicht mehr, was sie mit sich anfangen sollen. Das ist traurig. Man sollte lieber kreativ sein und lesen, malen oder basteln. **Irma**

Außerdem ist Fernsehen teuer. Eine Satellitenschüssel kostet relativ viel Geld. Man muss monatliche Gebühren für bestimmte Kanäle zahlen. Dazu kommen die allgemeinen Fernsehgebühren für die öffentlich-rechtlichen Fernsehsender. Das Geld könnte man besser für andere Aktivitäten ausgeben. **Axel**

Ihr vergesst aber, dass das Fernsehen eine wichtige Informationsquelle ist. Man erfährt z.B. etwas über andere Länder, ohne dass man dorthin reisen muss. Es gibt Nachrichten aus aller Welt und interessante Dokumentationen. **Cooldude**

Es gibt zu viel Gewalt im Fernsehen. Das führt dazu, dass die Zuschauer selbst gewalttätiger werden. **Lena94**

Sendungen mit Gewalt muss man ja nicht sehen. Ich finde, Fernsehen bietet angenehme Unterhaltung, eine harmlose Flucht aus dem grauen Alltag. **Schmetterling 2**

Was ist mit den Shopping Channels; die verleiten die Leute dazu, Sachen zu kaufen, die sie gar nicht brauchen, sie geben zu viel Geld aus. **Kris**

Ohne das Fernsehen würden sich viele Leute langweilen und einsam fühlen, z.B. alte Leute, die allein leben. **annkristin**

i   According to these people, to what extent is TV bad for them?

ii   What positive benefits are mentioned?

iii To what extent do you agree with the views expressed here?

b Lesen Sie den Text noch einmal und machen Sie die Aufgaben online.

3 a Hören Sie sich das Interview an und beantworten Sie die Fragen auf Deutsch. Geben Sie jeweils zwei oder drei Punkte.

i   Wie sehen Erwachsene fern? (3)

ii   Warum ist es heutzutage schwer, den Fernseher abzuschalten? (2)

iii Was ist dem Hörtext nach positiv an der Vielzahl der Programme? (2)

iv   Warum ist langes Fernsehen nicht gut? (3)

v   Was sollen Eltern mit ihren Kindern und Jugendlichen machen und warum? (3)

b Hören Sie sich den Hörtext noch einmal an und machen Sie die Aufgaben online.

4 Führen Sie ein Interview wie im Hörtext mit einer Partnerin/ einem Partner. Thema: „Ist Fernsehen schädlich?" Benutzen Sie das Arbeitsblatt.

• Einer von Ihnen übernimmt die Rolle des Moderators und der Andere die Rolle des Studiogasts.

• Spielen Sie beide eine der folgenden Personen: ein Schauspieler, ein Teenager, eine Mutter, ein Vater.

5 Schreiben Sie eine Blogantwort auf das Thema „Hilfe, ich sehe zu viel fern! Wer kann mir helfen!" Benutzen Sie das Arbeitsblatt.

6 Schauen Sie sich die folgende Webseite an und notieren Sie sich die Tipps zum bewussteren Fernsehen. Fallen Ihnen noch mehr ein?

http://www.zeitzuleben.de/artikel/persoenlichkeit/fernsehen-2.html

Grammatik

Determine the gender

Strategie

Give advantages and disadvantages of TV

1 **Pro**
   Ein Vorteil vom Fernsehen ist …
   Einerseits …
   Auf der einen Seite …
   Man muss bedenken …

2 **Contra**
   Ein Nachteil ist …
   Andererseits …
   Auf der anderen Seite …
   Trotzdem …
   Wenn man aber die Situation genauer betrachtet, dann …

Schlüsselausdrücke

Opinions

Rund um die Uhr vor dem Fernseher hocken

Eine Riesenauswahl an Fernsehsendern

Vom Fernsehen kann man viel über die Welt lernen.

Fernsehen erweitert den Horizont.

Fernsehen ist zu passiv.

Kinder sind weniger aktiv/weniger erfinderisch/sie können nichts mehr mit sich anfangen/sie verlieren ihre Phantasie

Eltern sollten sich mit ihren Kindern beschäftigen/ihnen Alternativen zum Fernsehen zeigen

Informationssendungen wie Dokumentarfilme oder Natursendungen sind eigentlich recht interessant.

In der Familie finden kaum noch Gespräche statt./Das Fernsehen zerstört die Familie.

Den Fernseher erst einschalten, wenn das Programm, das man sehen möchte, beginnt. Anschließend den Fernseher abschalten.

Den Fernsehkonsum begrenzen.

Zukunft des Mediums Fernsehen

Vokabeln

echt *real*
die Fernbedienung(en) *remote control*
bequem *comfortable*
der Rechner(-) *computer*
das Erlebnis(se) *experience*
per Knopfdruck *via pressing a button*
fortsetzen *to continue*
lästig *tiresome*
die Werbepause(n) *advert break*
verwalten *manage*
abspielen *record*
bieten *to offer*
der Empfang von *incoming (e-mails, etc.)*
aufnehmen *to record*
erweitern *to expand*

1 Fernsehen in der Zukunft. Mit welchen dieser Aussagen stimmen Sie überein?

i   Wir werden eine riesige Auswahl an Kanälen haben.

ii Wir werden mit neuen DVD-Rekordern tagelang Sendungen aufnehmen können.

iii Wir werden Sendungen dann anschauen können, wann wir wollen.

iv Wir werden auch Live-Sendungen durch ein Speichermedium pausieren können.

v   Wir werden Werbung überspringen können.

vi Wir werden die meisten Sendungen online sehen können.

vii Wir werden durch das Internet unsere eigenen Sendungen produzieren können.

viii Es wird immer mehr Spartensender (*specialist channels*) geben.

2 a **Lesen Sie den Text. Welche dieser Funktionen des freenetTV würden Sie nutzen? Welche nicht? Warum?**

freenetTV – Die Zukunft für Ihren Fernseher

Sie benutzen Ihren Fernseher nur zum Fernsehen. Diese Zeiten sind vorbei. Mit freenetTV, der neuen innovativen Software für Ihren PC, wird Ihr Fernseher zum echten Multimediacentre: Fernsehen, Videorecorder, Internet, E-Mail, Telefonieren und das alles per Fernbedienung vom bequemen Sofa aus.

Alles, was Sie brauchen, ist die neue Software freenetTV, sowie eine normale TV-Karte für Ihren Rechner.

Fernsehen wird zu einem völlig neuen Erlebnis! Wenn Sie mitten in Ihrer Lieblingssendung gestört werden, können Sie per Knopfdruck das Live-Bild anhalten und später an gleicher Stelle fortsetzen. Es ist endlich möglich, einen Film ohne die lästigen Werbepausen zu sehen, weil Sie mit dem integrierten Personal Videorekorder Ihre Sendungen ohne Werbepausen aufnehmen können.

Sie können Ihre Musiksammlung verwalten und abspielen.

FreenetTV bietet Ihnen die Möglichkeit, Ihre digitalen Fotos in einer Bildershow zu zeigen.

Damit Sie bei so viel Entertainment nicht den Kontakt zur Außenwelt verlieren, gibt es verschiedene Möglichkeiten der Kommunikation. Empfang von Telefonanrufen und E-Mails wird auf dem Fernsehbildschirm signalisiert. Das laufende Fernsehprogramm wird für Sie automatisch aufgenommen. Sie können dann auf dem Fernseher Ihre E-Mails lesen. Telefonieren wird über das Internet durch voice-over-IP mit der Software und einem Headset möglich. Mit einer Webcam wird das Ganze zur Video-Telefonie erweitert. Wenn Sie fertig sind, sehen Sie einfach Ihre Sendung dort weiter, wo Sie aufgehört haben.

Außerdem können Sie Ihr persönliches Horoskop, die Lottozahlen, das Wetter und aktuelle Nachrichten abrufen und Sie können im Internet surfen. Auch Ihre Spielernatur kommt nicht zu kurz mit den integrierten online Spielen.

Es gibt etwas für jede Altersstufe.

Bei all diesen Aktivitäten müssen Sie nicht aufstehen, weil Sie alles mit unserer neuartigen Fernbedienung steuern können.

b 🖳 Machen Sie die Aufgabe online. Welche dieser Probleme werden durch freenetTV gelöst?

c Tragen Sie die richtige Form von ‚können' und die passenden Verben in die Lücken ein.

i Ich ____ per Knopfdruck das Live-Bild ____ .

ii Sie ____ einen Film ohne lästige Werbepause ____ .

iii Du ____ deine Musik ____ .

iv Wir ____ uns mit dem Fernseher beim Telefonieren ____ .

v Ich ____ meine E-Mails auf dem Fernseher ____ .

vi Wir ____ zusammen ein Computerspiel ____ .

vii Man ____ im Internet ____ .

viii Ich ____ euch meine Fotos in einer Bildershow ____ .

ix Wenn Sie eine E-Mail bekommen, ____ Sie auf dem Sofa ____ .

x Man ____ die aktuellen Nachrichten ____ .

3 a 🖳🎧 Hören Sie sich die Diskussion zwischen zwei Jugendlichen über die Zukunft des Fernsehens an. Was wird über das Folgende gesagt?

- Digitales Fernsehen
- Internet Fernsehen
- Interaktivität beim Fernsehen

b 🖳🎧 Hören Sie noch einmal zu und machen Sie die Aufgaben online.

4 🖳✎ Wie sieht für Sie die ideale Zukunft des Fernsehens aus? Diskutieren Sie mit einer Partnerin/einem Partner. Benutzen Sie das Arbeitsblatt.

5 🖳 Schreiben Sie einen Aufsatz zu dem Thema „Internetfernsehen". Sehen Sie sich das Arbeitsblatt an.

6 Entwerfen Sie Ihren eigenen Fernsehkanal! Was für Programme würden Sie senden? ODER Entwerfen Sie Ihre eigene Sendung! Was für eine Sendung wäre das?

🖳 **Webtipp**

www.ehrensenf.de: eine für das Internet produzierte Sendung

Schlüsselausdrücke

Opinions

Es steht fest, dass ...
Ich gebe zu, dass ...
Ich bin skeptisch gegenüber ...
Ich bezweifele, dass ...

🖳 Grammatik

Use qualifiers

Common qualifiers in German include:
sehr *very*
besonders *particularly*
kaum *hardly, scarcely*
recht *quite, very*
wenig *not very*

These qualifiers can be placed in front of adjectives, adverbs, verbs and nouns, e.g.:
Der Werbespot gefällt mir <u>sehr</u>.
Kinder mögen solche Werbung besonders gern.
Diese Sendung ist <u>kaum</u> interessant für Kinder. Es gibt <u>wenig</u> erfreuliche Nachrichten heute.

🢑 Strategie

Organise an essay

For a good essay you need:

1 An introduction.

2 A main section which may contain pro- and counter-arguments on a certain issue, a description of a course of events, etc.

3 A conclusion: to summarise possible findings drawn from the discussion.

Now you should be able to:

- Express your opinions on the subject of TV
- Give descriptions of TV programmes
- Discuss TV viewing habits
- Express opinions about likes and dislikes of programmes
- Discuss the benefits and dangers of watching TV
- Express your opinions about the dangers of watching TV
- Discuss new technologies for watching TV
- Talk about trends regarding the future of TV viewing

Grammar

- Use endings of verbs for the present tense
- Determine the gender
- Use qualifiers

Skills

- Express opinions
- Give advantages and disadvantages of TV
- Organise an essay

■ Testen Sie sich!

1 Was für eine Sendung wird hier beschrieben?

Derrick tappt mal wieder im Dunkeln. Es gibt drei Leichen und kein Motiv, aber er wird den Täter finden.

2 Welches Fernsehprogramm wird hier beschrieben?

Man erfährt, was an diesem Tag in seinem Land und auf der Welt geschehen ist. Man wird auch über Sport und das Wetter informiert.

3 Füllen Sie die Lücken mit den richtigen Verben im Präsens aus.

Peter ...... selten fern. Am Abend ...... er den Fernseher an, um die Nachrichten zu sehen. Er ...... genau das aus, was er sehen will.

4 Sagen Sie etwas über Fernsehen und vervollständigen Sie den Satz.

Meiner Meinung nach ...

5 Ergänzen Sie den Satzanfang entsprechend dem Thema „Fernsehen gefährdet die Gesundheit".

Fernsehen kann positiv sein ...

6 Vervollständigen Sie den Satz.

Auf der einen Seite kann man sich durch das Fernsehen informieren, auf der anderen Seite ...

7 Tragen Sie den richtigen Artikel ein.

...... Programm, ... Sendung, ... Fernseher, ... Apparat

8 Übersetzen Sie den folgenden Satz ins Deutsche.

Shopping channels tempt people into buying things they don't need, and into spending too much money.

9 Ergänzen Sie die Verben.

Ich ... ein neues Fernsehsystem. Das ... super. Es ... freenetTV. Wenn das Telefon ... , ... ich meine Lieblingssendung per Knopfdruck durch ein Speichermedium an, dann ... ich sie später weiter.

10 Übersetzen Sie den folgenden deutschen Satz ins Englische.

Die Zuschauer können durch Knopfdruck auf ihren Fernbedienungen an Sendungen teilnehmen.

AQA Examiner's tips

Listening
Remember to **look at the title**; this immediately gives you an idea of what the recording will be about.

Speaking
To make the best use of your preparation time, **study both cards briefly** and choose the one you think you will have the most to say about.

Reading
Some sentences requiring a verb have **two gaps**. This indicates that either a compound tense is required (e.g. the future or the perfect) or the missing verb is separable. The separable prefix will go to the end of the sentence.

Writing
Write different points of view in German using the arguments you have collected in English, e.g. a letter arguing that watching TV is dangerous.

Medien

2   Werbung

By the end of this chapter you will be able to:

	Areas of study	Grammar	Skills
A **Werbung überall**	■ Understand and produce vocabulary to describe advertisements ■ Describe and discuss different types of advertising ■ Comment on a range of sample advertisements	■ Use the perfect tense	■ Use pronunciation ■ Pronounce German accurately
B **Werbestrategien**	■ Describe and discuss advertising techniques ■ Consider the targeting of advertisements at children	■ Use indefinite pronouns *jemand, niemand*	■ Structure an argument for debate
C **Vor- und Nachteile der Werbung**	■ Discuss the benefits and drawbacks of advertising, including discrimination and stereotyping ■ Consider restrictions and controls on advertising ■ Consider the non-commercial use of advertising, e.g. charities	■ Use interrogative adjectives *welch …*	■ Persuade and convince people

■ Wussten Sie schon?

Schon vor 2000 Jahren gab es Werbung: Die ältesten kommerziellen Werbetafeln sind in den Ruinen von Pompeji entdeckt worden. Moderne Werbung nahm aber erst 1850 ihren Anfang, als die industrielle Revolution zur Massenproduktion führte.

In Deutschland gibt es zur Zeit 12 000 Werbeagenturen und Werbung sichert rund 580 000 Arbeitsplätze in verschiedenen Bereichen, z.B. als Werbetexter, Werbegrafiker, Fotografen und Marktforscher.

Immer mehr Bürger beschweren sich über kommerzielle Werbung. Im Jahre 2006 sind über 1000 Beschwerden beim Deutschen Werberat eingegangen. Der häufigste Grund für Beschwerden war Rassismus.

Haribo wirbt seit 1962 mit dem Werbespruch „Haribo macht Kinder froh und Erwachsene ebenso". Nach einer Umfrage von Kabel1 ist dies der bekannteste Werbeslogan in Deutschland.

■ Zum Aufwärmen

1 Nennen Sie vier Adjektive, mit denen man eine Werbung beschreiben könnte (unterhaltsam, …)

2 Bringen Sie diese Wörter in die richtige Reihenfolge.
die ist Kinder mögen und unterhaltend Werbung witzig

3 Nennen Sie vier Werbemedien (Fernsehen, …)

4 Wo gibt es Werbespots? (in Schaufenstern, …)

5 Welcher Satz bezieht sich auf einen Nachteil der Werbung?
a Werbung ist oft witzig.
b Werbung informiert uns über neue Produkte.
c Werbung macht Produkte teurer.

Vokabeln

begegnen + *dative* (*with* sein *in perfect tense*) *to meet, encounter*

das Schaufenster(-) *shop window*

der Werbeträger(-) *advertising medium*

aufmerksam machen auf + *accusative* *to draw attention to*

aufgedruckt *printed (on something)*

die Öffentlichkeit *public*

anbringen (hat angebracht) *to attach*

vermarkten *to market*

der Wettbewerb(e) *competition*

das Wissen(-) *knowledge*

lenken *to steer*

entfallen auf + *accusative* *to be allotted to*

1 🖊 Besprechen Sie mit einer Partnerin/einem Partner die verschiedenen Formen von Werbung, die Sie in der letzten Woche gesehen, gelesen oder gehört haben. Wie würden Sie diese Anzeigen und Werbespots beschreiben? Benutzen Sie die Adjektive unten.

Beispiel: Ich sah einen schockierenden Werbespot über Verkehrsunfälle, der mich überzeugt hat, langsamer zu fahren.

> alltäglich auffällig außerordentlich dumm einfallsreich interessant langweilig lustig nützlich schockierend überzeugend unterhaltsam unvergesslich unverständlich witzig

2 Lesen Sie diesen Text über Werbung.

Werbung: ein kurzer Überblick

Wir begegnen Werbung überall: auf Bahnhöfen, in Einkaufszentren, an Plakatwänden, in Schaufenstern und auf den Straßen. Aber nicht nur außerhalb unserer eigenen vier Wände, auch zu Hause begegnen wir ihr, denn Zeitungen und Zeitschriften, Radio und Fernsehen sind ihre wichtigsten Werbeträger. Und hier steht das Fernsehen im Mittelpunkt, besonders die privaten Anbieter, die sich selbst und ihr Programm durch Werbung finanzieren.

Das Internet hat sich in den letzten Jahren zu einem sehr wichtigen Werbemedium entwickelt. Sogenannte Banner tauchen auf verschiedenen Internet-Seiten auf.

Im Direktmarketing wird Werbung direkt per Brief, E-Mail oder Telefon an die Personen geschickt, die die Produkte kaufen sollen. Dazu gibt es zum Teil Produktproben gratis. Man versucht auch, bestimmte Menschen auf der Straße oder in Geschäften direkt auf Produkte aufmerksam zu machen. Kostenlos werden Werbegeschenke oder Produkte verteilt, auf denen der Firmenname aufgedruckt ist, wie zum Beispiel Luftballons mit dem Namen einer Handy-Firma.

Eine besondere Form der Werbung in der Öffentlichkeit ist die Werbung durch Verkehrsmittel, bei der die Werbung an Bussen, Straßenbahnen oder Taxis angebracht wird.

Neben der eigentlichen Werbung werden oft Produkte in Fernsehsendungen oder Filmen so platziert, dass man beispielsweise nach dem Film plötzlich Lust auf ein bestimmtes Getränk bekommt. Außerdem das Merchandising: Die Handlungsträger einer Fernsehsendung werden auch außerhalb des Programms vermarktet (man kann zum Beispiel die ‚Power Rangers' als Spielzeug kaufen).

Gewinnspiele, Wettbewerbe, Umfragen oder Wissenstests liegen voll im Trend. Sie sind kaum als Werbung zu erkennen, lenken aber durch Fragen unsere Aufmerksamkeit auf bestimmte Produkte.

Werbung hat eine große wirtschaftliche Bedeutung. Jährlich werden in Deutschland rund 20 Milliarden Euro für die Platzierung von Werbung in den verschiedenen Medien investiert. Auf das Fernsehen entfallen hiervon rund 4 Milliarden Euro. Der Online-Werbemarkt ist in den letzten zwölf Monaten um 60% gewachsen.

Werbung ist nicht bei allen beliebt. Sie unterbricht nicht nur das Fernsehprogramm, sondern viele Eltern machen sich auch Sorgen, dass Werbung ihre Kinder zu übermäßigem Konsum verführt, zu einem immer mehr Haben-wollen: Kinder werden zu kleinen Materialisten, die nur ans Geldausgeben denken

Übernommen von www.mpfs.de und wikipedia.de

Nichts ist unmöglich. **TOYOTA**

a Wählen Sie die vier Aspekte der Werbung, die im Text erwähnt werden.

i wann zum ersten Mal Werbung gemacht wurde

ii verschiedene Formen der Werbung

iii die Werbebranche als Beruf

iv die Platzierung von Produkten in Fernsehsendungen

v die gesetzliche Kontrolle der Werbung

vi die Wichtigkeit der Werbung für die deutsche Wirtschaft

vii der Einfluss von Werbung auf Kinder

viii die Zukunft der Werbung

b Finden Sie im Text die deutschen Wörter, die den folgenden englischen Begriffen entsprechen.

i provider (of service)   vi positioned, placed

ii has developed   vii economic

iii appear   viii excessive

iv product samples   ix tempts

v distributed

c Lesen Sie den Text noch einmal durch und machen Sie die Aufgaben online.

d Welches Werbemedium (Zeitung, Plakat, Internet usw.) würden Sie für die folgenden Produkte wählen? Warum? Wählen Sie drei dieser Produkte und finden Sie Werbung dafür in den deutschsprachigen Medien oder im Internet.

i ein Sportauto   iv eine Urlaubsreise

ii Waschpulver   v die Gefahren des Rauchens

iii Bio-Jogurt   vi ein Bankkonto

3 a Hören Sie sich vier Jugendlichen an und machen Sie die Aufgaben online.

b 🎧 Wie beurteilen die Jugendlichen ihren ausgewählten Werbespot? Wählen Sie zuerst passende Stichwörter (z.B. auffallend, interessant, Humor, ...) und beschreiben Sie dann jeden Spot (1–4) in einem Satz.

4 💡 Arbeiten Sie zu zweit. Eine Person denkt sich ein Produkt aus und erfindet einen Werbespruch dafür. Sie/Er liest der anderen Person den Slogan vor. Die andere Person muss erraten, um was für ein Produkt es geht. Beispiele für Werbesprüche finden Sie auf dem Arbeitsblatt und auch: http://www.spruecheportal.de/werbesprueche.php.

5 💡 Sehen Sie sich die fünf Anzeigen auf dem Arbeitsblatt an und beantworten Sie die Fragen.

Werbestrategien

Dieses Produkt wird Ihnen viel Freude bringen.

Wenn Sie dieses Produkt kaufen, können Sie Geld sparen.

Ohne dieses Produkt wird Ihre Gesundheit leiden.

Schnell! Sonderangebot nur solange Vorrat reicht!

Dieses Produkt ist nur für Kenner.

Dieses Produkt wird Ihnen das Leben erleichtern.

Vokabeln

das Kästchen(-) *box*

verdeckt *covered up*

der Anblick(e) *sight*

der Gesichtsausdruck(ˉe) *facial expression*

vermuten *to presume*

anlegen *to invest*

erfahren *to learn, find out*

die Hypothek(en) *mortgage*

sich handeln um + *accusative to be a question of*

handeln *to act*

auffallen *to stand out, attract attention*

weglenken *to divert*

Hypothek *mortgage*

1 Wie wirkungsvoll sind Ihrer Meinung nach diese Werbeslogans? Diskutieren Sie das mit einer Partnerin/einem Partner.

2 Lesen Sie diesen Text.

Ein größeres Haus, vielleicht?

Hypothekenfinanzierung mit der **MVB** - die flexible Bank

über 63% möglich

Werbungsanalyse: Das AIDA-Modell

Man sieht auf dem Bild die Oberkörper einer Frau und eines Mannes. Die Frau hält einen Schwangerschaftstest in der Hand. In der oberen Hälfte des Bildes ist ein großes Infokästchen, sowie unten rechts ein kleines. Die beiden Personen und das Teststäbchen sind schwarz-weiß gedruckt, die Infokästchen blau und rot mit farbiger Schrift. Die Frau freut sich beim Anblick des Schwangerschaftstests und lacht. Der Mann ist erschrocken, der Test ist positiv. Die beiden Personen sind etwa Mitte zwanzig.

Diese Werbung ist ein gutes Beispiel für das AIDA-Prinzip, das älteste und bekannteste Modell der Werbewirkung.

A – Attention: Die Aufmerksamkeit des Kunden wird durch den Farbkontrast geweckt, sowie durch die unterschiedlichen Gesichtsausdrücke der beiden Personen.

I – Interest: Warum sind denn die Stimmungen der beiden Menschen so unterschiedlich? Man schaut näher hin und bemerkt rechts unten, wegen der roten Farbe, das Kästchen. Normalerweise liest man sich dieses jetzt nicht durch, nur die ‚63%' sticht einem direkt ins Auge, weil das fett gedruckt ist. Nun vermutet man schon, dass die Werbung mit Geld zu tun hat. Man liest weiter und entdeckt das größere, blaue Kästchen. Dann wird klar, wenn man das Logo bemerkt, dass es sich um Werbung für eine Bank handelt.

D – Desire: Hier wird man von einem Lebensereignis träumen – einem neuen Baby, einem grösseren Haus… Durch weiteres Lesen der Infokästchen erfährt man, dass es sich um Hypotheken handelt.

A – Action: Wenn die Werbung genügend Interesse geweckt hat, dann ‚handelt' man, kauft das Produkt oder informiert sich näher darüber.

Ein kleiner Trick wurde hier, wie in fast jeder Werbung, verwendet: Im roten Infokästchen rechts unten steht, dass ‚über 63% möglich sind*'. Das Sternchen-Symbol fällt kaum jemandem auf und nur wenige lesen ganz unten die super-klein gedruckte Erklärung. Die Aufmerksamkeit wird von der Erklärung bewusst weggelenkt.

© Marie Herberger Übernommen von www.marie-herberger.de

a Finden Sie Synonyme im Text für das Folgende.

i   Brust, Arme und Kopf

ii 50 Prozent

iii nicht farbig

iv das, was geschrieben ist

v   etwas das anzeigt, ob man ein Baby erwartet oder nicht

vi eine Person, die etwas kauft

vii nicht die gleichen

viii ein Symbol, das in der Werbung benutzt wird

ix sich vorstellen, wie im Schlaf

x   Baufinanzierung

b 💡 Lesen Sie den Text noch einmal und machen Sie die Aufgaben online.

3 **a** 💡🎧 Hören Sie sich das Interview über Werbung und Kinder an. Machen Sie die Aufgabe online.

b 💡🎧 Hören Sie noch einmal zu und machen Sie die Aufgaben online.

c 🎧 Beantworten Sie jetzt diese Fragen auf Deutsch.

i   Was für Werbung wird von Kindern geschätzt?

ii Für welche Produkte interessieren sich Kinder?

iii Was machen Kinder, wenn sie gute Sprüche und Lieder hören?

iv Woran sieht man, dass Kinder schon im Grundschulalter mit Geld umgehen?

v   Welche anderen Einflüsse außer Werbung werden in diesem Interview erwähnt?

vi In welchem Sinne sind Menschen ‚keine Mäuse'?

vii Wer muss entscheiden, ob ein Kind etwas kauft oder nicht?

viii Wie lernen Kinder, ihre Konsumwünsche zu kontrollieren?

ix In welchem Fall sollten die Eltern nicht immer „nein" sagen?

4 **a** Finden Sie in einer deutschsprachigen Zeitschrift oder im Internet eine Anzeige, ...

- die eher Mädchen gefällt als Jungen.
- die eher Jungen gefällt als Mädchen.
- die in schwarz-weiß gedruckt ist.
- in der das Produkt nicht abgebildet wird.
- wo jemand traurig aussieht.

... und wählen Sie dann **eine** der Anzeigen, die Sie gefunden haben. Wie beurteilen Sie diese Anzeige und warum?

b 📝 Erstellen Sie einen Werbespot für ein Produkt, das die anderen Schülerinnen und Schüler in Ihrer Klasse interessieren könnte. Nehmen Sie den Werbespot auf und spielen Sie ihn der Klasse vor. Denken Sie dabei an Folgendes:

- die Zielgruppe
- die Vorteile des Produkts: Qualität, Zuverlässigkeit oder ein neues Konzept
- den Preis
- warum man dieses Produkt unbedingt kaufen muss
- wo und wie man das Produkt kaufen kann

🔊 Strategie

Structure an argument for debate

1 Presenting and justifying your point of view:
Ich bin fest davon überzeugt, dass ...
Ich sehe die Sache so: ...

2 Responding to another person's point of view:
Ich stimme zu. (*agreement*)
Das sehe ich ganz anders. (*disagreement*)

3 Inviting a response:
Was meinst du dazu?
Stimmt das denn nicht?

💡 Grammatik

Use indefinite pronouns

The indefinite pronouns *jemand* (someone) and *niemand* (no one) have optional case endings as follows:

nominative
jemand, niemand
accusative
jemand(en), niemand(en)
genitive
jemand(e)s, niemand(e)s
dative
jemand(em), niemand(em)

Ich habe niemand gesehen.
or Ich habe niemand**en** gesehen.
Wir müssen mit jemand sprechen.
or Wir müssen mit jemand**em** sprechen.

C Vor- und Nachteile der Werbung

1 💡 Lesen Sie die Bemerkungen online über Werbung. Sind sie Vorteile oder Nachteile?

2 Lesen Sie beide Texte A und B kurz durch.

A

Keine Werbung für Schokoriegel

Eine der größten Firmen, die Schokoriegel herstellen, will auf Werbung für Kinder unter 12 Jahren verzichten. Es ist die Firma Masterfoods, die Snicker, Mars, Bounty, Milky Way und andere Schokoriegel herstellt. „Damit wollen wir den Kampf gegen die Fettleibigkeit bei Kindern aufnehmen", teilten Sprecher der Firma mit. „Das Werbeverbot gilt für alle Medien, auch fürs Internet, und soll Ende des Jahres in Kraft treten."

Damit erfüllt die Firma eine Forderung der Gesundheitsbehörden der ganzen Welt. Schon lange ist bekannt, dass Kinder auf Werbung reagieren und das gerne essen und trinken, was sie dort sehen. Andere Firmen diskutieren solche Werbeeinschränkungen ebenfalls.

Vielen geht das aber noch nicht weit genug. Noch wichtiger ist es ihrer Meinung nach, Kinder dazu anzuregen, mehr Obst zu essen. In Neuseeland ist das schon gelungen. Dort klebt auf jedem Apfel einer bestimmten Marke einer von vielen Aufklebern, die man sammeln kann. Diese Aufkleber kann man gegen Turngeräte für die eigene Schule umtauschen. Die Aktion ist ein voller Erfolg.

B Stadt ohne Werbung: São Paulo

In unseren Städten gibt es kaum einen öffentlichen Ort, an dem kein Plakat oder Ähnliches hängt.

São Paulo hat nun drastische Maßnahmen eingeleitet, um dem entgegenzuwirken: Seit dem 1. Januar 2007 ist sämtliche Werbung in der Öffentlichkeit in der Stadt gesetzlich verboten. Nun stehen auf Werbung im öffentlichen Raum Strafen von bis zu 3000 Euro.

Die Werbeindustrie ist darüber natürlich nicht sehr glücklich. Dalton Silvano meint dazu: „Ich denke, die Stadt wird ein trauriger Ort werden. Werbung ist sowohl eine Kunstform als auch, wenn man alleine im Auto oder zu Fuß unterwegs ist, eine Form der Unterhaltung, die gegen Einsamkeit und Langeweile wirkt."

Die Bevölkerung ist jedoch größtenteils für die Änderungen. Man hatte früher schon versucht, Werbung in der Stadt unter Kontrolle zu bringen, aber ohne Erfolg: die Mehrheit der ungefähr 13 000 Plakatwände war illegal installiert und die Stadt hatte nicht die erforderlichen Mittel, entsprechende Regulierungen zu kontrollieren. Also blieb nur ein vollständiges Verbot von Werbung.

a In welchem Text werden die folgenden Themen oder Begriffe erwähnt?

gesundes Essen	ein freiwilliges Verbot
Geldstrafen	die positiven Aspekte der Werbung
eine Firma, die verantwortungsvoll handelt	Vorteile für den Unterricht
	Werbung überall

b 💡 Lesen Sie Text A noch einmal und machen Sie die Aufgaben online.

c Sollte Ihrer Meinung nach Werbung für die folgenden Produkte verboten werden? Sollte Werbung auch für andere Produkte verboten werden, die nicht im Text A erwähnt werden? Welche? Warum? Diskutieren Sie das in der Klasse.

- Alkohol
- Tabakwaren
- Süßigkeiten
- Fast-Food
- Gewaltfilme
- medizinische Behandlung

3 Lesen Sie Text B noch einmal und beantworten Sie die Fragen auf Deutsch.

i Was haben unsere Städte im Überfluss?

ii Was ist nun in São Paulo verboten?

iii Was passiert mit den Firmen, die das Gesetz überschreiten?

iv Wie hält Dalton Silvano von dem Gesetz?

v Wie begründet er seine Meinung?

vi Was halten die Bürger von São Paulo von dem Gesetz?

vii Was hatte man früher in São Paulo versucht?

viii Mit welchem Erfolg und warum?

4 🎧 Hören Sie gut zu und machen Sie die Aufgaben online.

5 💡 Lesen Sie die Anzeige auf dem Arbeitsblatt und beantworten Sie die Fragen.

6 💡 Lesen Sie den Text auf dem Arbeitsblatt und machen Sie die Aufgabe.

7 Stellen Sie sich vor, Sie haben eine Werbung gesehen oder gehört, die Sie nicht akzeptabel finden. Schreiben Sie einen Brief (ca. 100 Wörter) an den Deutschen (oder Österreichischen) Werberat, in dem Sie sich darüber beschweren. Denken Sie an Folgendes:

- das Produkt
- die Firma, die für das Produkt wirbt
- das Medium (Fernsehen, Internet, Zeitung usw.)
- wann Sie die Werbung gesehen oder gehört haben
- wie Sie auf die Werbung reagiert haben
- warum Sie die Werbung nicht akzeptabel finden (Klischee, Geschmacklosigkeit, Lügen)
- was jetzt passieren soll (Werbung zurückziehen, Geldstrafe)

Schlüsselausdrücke

Advantages/disadvantages of advertising

Werbung übt einen großen Einfluss auf uns aus.

Jeder wird von Werbung beeinflusst.

Ich lasse mich nicht gern verführen.

Werbung weckt Konsumbedürfnisse.

Werbung spricht oft Jugendliche an.

Werbung ist Teil unserer Kultur.

Es gibt viele Stereotype in der Werbung.

Viele Sportereignisse oder Konzerte könnte man ohne Werbeeinnahmen nicht finanzieren.

Werbung macht den grauen Alltag ein bisschen bunter.

Werbung schafft Arbeitsplätze.

Werbung manipuliert/beeinflusst den Verbraucher.

Man kauft Produkte, die man gar nicht braucht, oder die man sich überhaupt nicht leisten kann.

💡 Grammatik

Use interrogative adjectives

The question word *welch…* is an interrogative adjective meaning 'which'. It takes the same endings as *dies…* 'this', *jed…* 'every' and *jen…* 'that'.

🔨 Strategie

Persuade and convince people

1 Use superlative adjectives and adverbs:

Dieses Gerät ist das allerbeste, das es je gab.

2 Use imperatives:

Probieren Sie mal … ! Machen Sie doch mit!

3 Use rhetorical questions:

Warum wollen Sie nicht … ? Wie können Sie ohne … leben?

Now you should be able to:

- Understand and produce vocabulary to describe advertisements
- Describe and discuss different types of advertising
- Comment on a range of sample advertisements

- Describe and discuss advertising techniques
- Consider the targeting of advertisements at children

- Discuss the benefits and drawbacks of advertising, including discrimination and stereotyping
- Consider restrictions and controls on advertising
- Consider the non-commercial use of advertising, e.g. charities

Grammar

- Use the perfect tense
- Use indefinite pronouns *jemand, niemand*
- Use interrogative adjectives *welch …*

Skills

- Use pronunciation
- Pronounce German accurately
- Structure an argument for debate
- Persuade and convince people

■ Testen Sie sich!

1 Welches Wort hat nichts mit Werbearten zu tun?

Anzeige   Plakat   Spot   Überblick

2 Was ist ein ‚Werbegeschenk'? Schreiben Sie eine kurze Definition auf Deutsch.

3 Füllen Sie die Lücken aus.

Werbung hat eine große wirtschaftliche ……, denn jedes …… werden rund 20…… Euro für die Platzierung von Werbung in den verschiedenen …… investiert.

4 Übersetzen Sie ins Englische: Die Aufmerksamkeit des Kunden wird durch die unterschiedlichen Gesichtsausdrücke der beiden Personen geweckt.

5 Was für Werbung mögen viele Kinder gern?

6 Was bedeutet ‚Zielgruppe'? Schreiben Sie eine Definition auf Deutsch.

7 Ergänzen Sie die Wörter:

Ich weiß nicht, welch…… Produkt das ist. Ich weiß auch nicht, für welch…… Zielgruppe die Werbung gedacht ist. Und ich habe keine Ahnung, welch…… Werbeagentur so einen schrecklichen Werbespot gemacht hat.

8 Ergänzen Sie den Satz: Ich finde Werbung gut, denn sie …… .

9 Warum will man Werbung für Schokoriegel verbieten? Schreiben Sie einen Grund auf.

10 Bringen Sie die Wörter in die richtige Reihenfolge:

dass der dem Einfluss Kinder nicht sie stehen unter viele Werbung wissen

---

AQA Examiner's tips

Listening

Listen to the transcript **all the way through** first in order to understand the general theme. Don't worry about answering the questions at this stage.

Speaking

Try to give your **personal opinion** as early as possible and allow yourself to be controversial. The card is meant as a stimulus to a proper discussion. It is not a case of 'getting things in'.

Reading

Always look at the **title** of each reading text – this can help to give you an idea of the context.

Writing

Try to write your answer in **German straight away**. Try not to translate from English so that you will not be tempted to use an English sentence structure.

3 Kommunikationstechnologie

By the end of this chapter you will be able to:

	Areas of study	Grammar	Skills
A **Rolle des Internets**	■ Understand and produce the vocabulary for different uses of the Internet ■ Understand and express wishes about the future of the Internet	■ Form and use the passive	■ Answer questions in German
B **Internet – Gefahr oder Chance?**	■ Discuss and evaluate the benefits and dangers of the Internet ■ Discuss ways of making the Internet safer for young people ■ Explore the impact that the Internet has had on everyday life	■ Use prepositions and cases	■ Understand compound words
C **Technologie der Zukunft**	■ Understand and produce the vocabulary for different types of electronic technology ■ Discuss and evaluate the importance of electronic technology in young people's lives ■ Explore potential developments in electronic technology	■ Use the future tense	■ Talk about possible developments

Wussten Sie schon?

Im Jahre 2007 besaßen in Deutschland …
   23 Prozent der Haushalte einen MP3 Player,
   42 Prozent einen Digital-Fotoapparat,
   75 Prozent einen Computer
und jeder dritte Haushalt verfügte über einen Breitbandanschluss.
Fast ein Drittel aller Kinder zwischen sechs und 13 Jahren besaß ein Handy.

Und wie benutzten Kinder das Internet?
   79 Prozent nutzten es als Informations-quelle für den Schulunterricht,
   64 Prozent nutzten es als Informations-quelle für die Freizeit (Sport, Hobbys usw.),
   55 Prozent schrieben gerne E-Mails,
   45 Prozent besuchten Chatrooms,
   25 Prozent luden sich Musik herunter.

Und wie ist es heute? Finden Sie das heraus – im Internet!

Zum Aufwärmen

1 Wählen Sie das richtige Wort für jedes Bild.

i Handy
ii Digital-Fotoapparat
iii Maus
iv Mausunterlage
v Drucker
vi Bildschirm

2 Wählen Sie das richtige Verb unten für jeden Satz.

a Man ___ Schach gegen einen virtuellen Gegner.
b Man ___ auf die Maustaste.
c Man ___ bei Online-Auktionshäusern ein.
d Man ___ Musik herunter.
e Man ___ mit Freunden aus aller Welt in Kontakt.
f Man ___ seine Arbeit, damit sie nicht verloren geht.

i klickt
ii bleibt
iii speichert
iv spielt
v lädt
vi kauft

Rolle des Internets

Vokabeln

riesig *huge*

vergleichbar *comparable*

sich etwas beschaffen *to obtain something*

bereitstellen *to provide*

die Erfindung(en) *invention*

allgemein *general(ly)*

unterscheiden *to distinguish*

darstellen *to represent*

einsetzen *to use*

anbieten *to offer*

abrufen *to retrieve*

einzeln *individual*

die Geschwindigkeit(-) *speed*

die Textverarbeitung(en) *word processing*

der Empfänger(-) *recipient*

1 All dies ist im Internet möglich: Was ist für Sie am wichtigsten? Diskutieren Sie Ihre Meinung mit einer Partnerin/einem Partner.

- Informationen herausfinden
- E-Mails austauschen
- chatten
- online spielen
- einkaufen
- Dinge verkaufen
- Fotos anschauen
- Filme sehen
- fernsehen
- Leute kennen lernen
- Musik/DVDs herunterladen
- nachsehen, was die Freunde so treiben (Facebook ...)

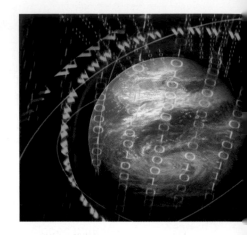

2 Lesen Sie jetzt diesen Artikel.

Medium Internet

Das Internet ist ein riesiges Netzwerk aus Millionen von Computern, das mit dem Telefonnetz vergleichbar ist. Es gehört keiner einzelnen Firma oder Organisation und kennt keine Hierarchie. Jeder kann sich aus dem Internet Informationen beschaffen oder selbst Informationen bereitstellen.

Das Internet ist keine neue Erfindung, sondern schon mehr als 20 Jahre alt. Es wurde zuerst als militärisches Netz und als eine Verbindung der Universitäten entwickelt. Heute ist das Internet durch das World Wide Web ein benutzerfreundliches Medium geworden, ein wichtiges Element nicht nur des täglichen Geschäftslebens, sondern auch unseres Privatlebens.

Nutzergruppen

Man kann allgemein zwischen zwei Gruppen von Nutzern unterscheiden: dem Internet-Benutzer, der das Web zur Informationsbeschaffung und als Kommunikationsmedium (z.B. E-Mail) benutzt, und dem Informations-

anbieter, der sein Unternehmen im Web darstellt und es als Werbefläche und direktes Kommunikationsmedium einsetzt.

Internet-Präsenz

Um Informationen im Web anbieten zu können, brauchen Sie einen sogenannten Internet-Server. Sie nutzen dann diesen Server zur Ablage Ihrer Informationen in digitaler Form.

Erreichbarkeit

Ihr Web-Server benötigt eine eigene Internetadresse, damit Ihre Informationen von allen Teilen der Welt abgerufen werden können. Diese Adresse könnte beispielsweise www.wohnungsbaugesellschaft.de lauten. Die Endung „.de' zeigt, dass es sich um eine Internetadresse in Deutschland handelt. Endungen wie „.com' oder „.net' stehen oft für in den USA registrierte Adressen.

Suchdienste

Das Internet wächst täglich. So ist

es für den einzelnen Nutzer schwer, die Informationen zu finden, die er benötigt. Ein Hilfsmittel sind spezielle Suchdienste oder sogenannte Suchmaschinen. Der Internet-Benutzer kann hier Suchbegriffe eintragen und bekommt eine Liste aller Internet-Adressen, die zu diesem Begriff gefunden wurden.

Als Informations-Anbieter können Sie Ihre Adresse und eine kurze Beschreibung Ihres Informationsangebotes in diese Suchmaschinen eintragen.

E-Mail

E-Mail ist ‚elektronische Post'. Eine E-Mail kann mit hoher Geschwindigkeit rund um die Welt versandt werden. Sie können Dokumente aus einer Textverarbeitung, Tabellenkalkulation oder aus einem Grafikprogramm einfach an die E-Mail anhängen. So kommen die Daten schon in digitaler Form beim Empfänger an und können sofort weiterverarbeitet werden.

a Welche Themen werden im Text behandelt?

  i   wann das Internet erfunden wurde

  ii   wer das Internet benutzt

  iii die Kosten des Internet-Zugangs

  iv   wie man Information in digitaler Form veröffentlicht

  v   was die Endung einer Internetadresse bedeutet

  vi   Internet-Kriminalität

  vii die Rolle der Suchmaschinen

  viii die Sicherheit von Internet-Benutzern

  ix   wie man Informationen in digitaler Form an jemanden schicken kann

  x   wie sich das Internet in den kommenden Jahren weiterentwickeln wird

b Lesen Sie den Text noch einmal durch und machen Sie die Aufgaben online.

3 a 🎧 Hören Sie sich die zehn jungen Leute an und schreiben Sie für jede Person einen Satz auf Englisch, der ihre Wünsche beschreibt.

b Und nun auf Deutsch. Was wünschen sie sich jeweils? Füllen Sie die Lücken aus.

  i   die Q___ von Fernsehsendungen im Internet

  ii   einen Archiv von allen W___

  iii V___ von Dingen, die bei Auktionshäusern angeboten werden

  iv   einen kostenlosen Google-Kalender in deutscher S___

  v   einen E-learning-Dienst, so dass man nicht mehr in die B___ gehen muss

  vi   eine Datenbank mit allen nützlichen Ö___

  vii eine Online-Bibliothek mit allen B___ , die älter als zwei Jahre alt sind

  viii eine Datenbank mit B___

  ix   W-LAN* Z___ im Kopf

  x   eine Z___ des Internets

*Wireless Local Area Network – auf Deutsch ‚Kabelloses Lokales Netzwerk'

c 💡 Lesen Sie die Wünsche auf dem Arbeitsblatt und füllen Sie eine Tabelle aus.

4 💡 Das verfluchte Internet! Lesen Sie den Text auf dem Arbeitsblatt und machen Sie die Aufgaben.

5 a 💡 Wozu benutzen meine Familie und ich das Internet? Sehen Sie sich das Arbeitsblatt an.

b Entwerfen Sie Ihre eigene Homepage. Suchen Sie sich zuerst Ideen und Vorbilder im Internet, indem Sie die Schlüsselwörter ‚meine Homepage' in eine Suchmaschine eingeben.

Schlüsselausdrücke

Internet

Musik oder einen Podcast herunterladen

Fotos auf meine Homepage aufladen

sich nach etwas erkundigen

eine Suchmaschine benutzen

E-Mails sortieren, lesen, beantworten

unerwünschte E-Mails löschen

einen E-Mail-Anhang speichern

schauen, was im Kino läuft

Adressen oder Telefonnummern ausfindig machen

Zeit verschwenden

🔄 Strategie

Answer questions in German

When answering questions in German, either orally or on paper, it is usually best to avoid the direct copying of whole sentences or long phrases. Try to match the answer to the wording of the question, e.g. a question with *Warum …?* often invites an answer beginning *Weil …* .

💡 Grammatik

Form and use the passive

The active form often places the emphasis on the person or thing initiating an action, while the passive form places the emphasis on the person or thing on the receiving end of an action.
Meine Mutter sieht mich. (*active*)
Ich werde von meiner Mutter gesehen. (*passive*)

In German, as in English, the passive is formed by combining a past participle with the appropriate tense of the auxiliary verb. However, the auxiliary verb in German is *werden* whereas in English it is 'to be'.

B Internet – Gefahr oder Chance?

Vokabeln

auskommen mit + *dative to manage, get by*

abhängig von + *dative dependent on*

sich einschließen *to shut oneself away*

sich kümmern um + *accusative to look after*

abwesend *absent*

erklären *to declare; to explain*

Schlüsselausdrücke

Advantages/disadvantages of the internet

Ohne das Haus zu verlassen, kann man ...

Der persönliche Kontakt zu den Mitmenschen geht verloren.

Es ist angenehmer eine Zeitung zu lesen als vom Bildschirm abzulesen.

Preisvergleiche sind leichter zu machen.

Surfen im Internet ist reine Zeitverschwendung.

Soviel Auskunft ist einfach verwirrend.

1 Beziehen sich die folgenden Bemerkungen auf Vorteile, Nachteile oder beide Vorteile und Nachteile des Internets? Machen Sie eine Tabelle.

i   Mein Sohn macht nichts mehr, seitdem wir Breitband zu Hause haben.

ii Ich weiß nie, ob meine E-Mails angekommen sind.

iii Wir sparen viel Zeit beim Einkaufen.

iv Woher weiß ich, ob die Chats sicher sind?

v   Es ist so einfach, die neuesten Nachrichten zu bekommen.

vi Niemand überprüft die Informationen, die man im Internet findet.

vii Viele Arbeitsplätze gehen durch das Internet verloren.

viii Die Kosten eines Internetanschlusses sind hoch.

ix Ich brauche nicht mehr in die Bibliothek zu gehen, denn ich finde alles sofort per Mausklick.

x   Meine Tochter verschwendet viel Zeit im Internet.

xi Meine Großeltern fühlen sich weniger isoliert, seitdem sie ans Internet angeschlossen sind.

2 Lesen Sie diesen Artikel.

Könnten Sie eine Woche ohne Internet auskommen? Oder gar einen Monat?

Katharina

Ich war den ganzen letzten Sommer beruflich sehr viel mit dem Auto unterwegs, aber um mit alten Bekannten in Kontakt zu bleiben, fragte ich in jedem Ort nach dem nächsten Internet-Café. Ich würde bestimmt ohne das WWW auskommen, aber keinesfalls mehr ohne E-Mail.

Jens

Warum macht ihr euch alle so abhängig vom Internet? Sport, Spiel oder z.B. ein schönes Buch ist doch viel wertvoller. Warum haben wir Deutschen keine Zeit mehr, um uns mit Freunden zu treffen? Antwort: Wir sitzen zu lange vor dem PC!

Daniela

Nein, bestimmt nicht, niemals. Ich habe hier meine Kontakte und meine Mails, hier habe ich die Verbindung zu meinen internationalen Freunden und chatte mit ihnen ...

Karl

Ja, das könnte ich. Sind es nicht auch Langeweile oder Fantasielosigkeit, die einen dazu bringt, sich einzuschließen, abends vor dem PC zu sitzen und herumzusurfen?

Svenja

Also, eine Woche vielleicht gerade noch so ... Aber einen Monat? Niemals ... Dafür gibt es viel zu viele Dinge, die ich abends regelmäßig mache, wie z.B. mich um meine Homepage kümmern, mit Bekannten chatten, online spielen ... Würd' ich einen Monat abwesend sein, würden mich meine Freunde offiziell für tot erklären ...

a Wie wichtig ist das Internet für diese Leute? Machen Sie eine Tabelle und tragen Sie die Vornamen (Katharina, Jens, Daniela, Karl, Svenja) in die entsprechende Spalte ein. Mit wem identifizieren Sie sich am meisten?

unentbehrlich	wichtig aber nicht unentbehrlich	unwichtig

b Korrigieren Sie die Fehler.

   i   Für Katharina ist das World-Wide-Web wichtiger als E-Mail.

   ii   Letzten Sommer hat Katharina viele Bekannte besucht.

   iii Jens findet das Internet wertvoller als ein gutes Buch.

   iv   Jens meint, viele Jugendliche verbringen nicht genug Zeit vor dem Computer.

   v   Er meint, dass die Deutschen wegen des Internets zu viel Zeit mit Freunden verbringen.

   vi   Daniela chattet mit Freunden in ihrer Heimatstadt.

   vii Karl glaubt, dass manche Leute trotz Langeweile im Internet surfen.

   viii Laut Karl fördert Surfen im Web die Fantasie.

   ix   Svenja könnte nicht länger als einen Monat ohne Internet leben.

   x   Svenja bleibt gern telefonisch mit ihren Freunden in Kontakt.

3 a Lesen Sie den Text „Internet Portal klärt Kinder über Gefahren auf" online. Erstellen Sie eine Liste der Gefahren des Internets, bevor Sie die Aufgaben online machen.

   b Machen Sie die Aufgaben online.

4 a Wie heißen die folgenden Wörter auf Englisch? Schlagen Sie sie wenn nötig in einem Wörterbuch nach, bevor Sie sich das Interview anhören.

i sich für etwas einsetzen	v Regeln einhalten	x das Abonnement
ii ermuntern	vi sich wehren	xi die Gewalt
iii die Belästigung	vii flüchtig	xii wirken
iv überprüfen	viii leugnen	
	ix sich verschulden	

   b Hören Sie sich das Interview an und machen Sie die Aufgaben online.

   c Hören Sie noch einmal zu und machen Sie die Aufgabe auf dem Arbeitsblatt.

5 Lesen Sie die Texte auf dem Arbeitsblatt und machen Sie die Aufgaben.

6 Rollenspiel. Besprechen Sie die Vor- und Nachteile des Internets.

7 Internet: eine gute oder gefährliche Erfindung? Schreiben Sie einen kurzen Artikel (ca. 150–200 Wörter) zu diesem Thema.

Strategie

Understand compound words

German is well-known for its long words, many of which are not listed in the dictionary. This is because long words are usually compounds of two or more shorter words, e.g.:

Medienkompetenz = Medien + Kompetenz (*media + skill = skill in using the media*)
Fantasielosigkeit = Fantasie + los + igkeit (*imagination + -less + -ness = lack of imagination*)
arbeitsplatzunabhängig = Arbeit + Platz + un + abhängig (*work + place + (negative prefix) + dependent = not dependent on the place of work*)

Grammatik

Use prepositions and cases

In German, prepositions determine the case of the noun or pronoun that follows them.

■ The most common prepositions that are followed by the **accusative** are: *durch, für, gegen, ohne, um.*

■ The most common prepositions that are followed by the **dative** are: *aus, bei, mit, nach, von, zu.*

■ Some prepositions are followed by **either the accusative or the dative**, depending on whether the preposition is used to describe **motion** or **no motion**. The most common are: *an, auf, hinter, in, neben, über, unter, vor* and *zwischen*, e.g.:
Ich fahre in **die** Schweiz (fahren = *motion* ⟶ *accusative*), but
Er wohnt in **der** Schweiz (wohnen = *no motion* ⟶ *dative*).

Technologie der Zukunft

Vokabeln

dienen als *to serve as*

unverzichtbar *indispensable*

der Notizzettel(-) *notepad*

die SMS-Mitteilung(en) *text message*

bestrafen *to punish*

bedrohlich *threatening*

bestehend *existing*

ausdrücken *to express*

1 Welche Technologie gehört zur Vergangenheit, welche zur Gegenwart und welche zur Zukunft? Diskutieren Sie in der Klasse.

i   der Fernseher

ii   die Schallplatte

iii das Handy

iv   W-LAN (drahtloses lokales Netzwerk)

v   der Kassettenrecorder

vi   der Computer

vii der MP4-Spieler

viii E-Mail

ix   der Schwarz-Weiß-Fotoapparat

x   elektronische Spiele

2 a Lesen Sie den Text und fassen Sie die sieben Argumente gegen das geplante Handyverbot zusammen. Welche Argumente finden Sie am überzeugendsten, und warum?

Sieben Gründe gegen ein Handy-Verbot an der Schule

Die Schülerinnen/Schüler an einem bayerischen Gymnasium sind über das geplante Handy-Verbot empört. Sie brauchen ihre Handys! In einem Protestbrief an den Kultusminister haben sie sieben Gründe gegen das Verbot aufgeschrieben.

1 Der bayerische Kultusminister fragt: „Wozu brauchen Schüler denn überhaupt Handys?" Diese rhetorische Frage kann man ganz einfach beantworten: Es geht darum zu kommunizieren und das ist ein wichtiger Teil unseres Alltagslebens.

2 Der Kultusminister hat auch behauptet: „Die Schule ist nicht der Ort zum Telefonieren". Das ist aber kein Argument. Supermärkte und Altersheime sind auch keine Orte zum Telefonieren, trotzdem verbietet es da niemand.

3 Man sollte den Gebrauch neuer Technologien in Schulen unterrichten, nicht verbieten. Fotohandys fördern die Kreativität bei Kindern.

4 Ein Handy dient außerdem als unverzichtbarer Notizzettel, wertvolles Fotoalbum und vollgepackter Terminkalender.

5 Auch das Schreiben von SMS-Mitteilungen ist wertvoll. Was manche Oberstufenschüler in ihre Handys tippen ist manchmal bessere Literatur als das, was man in manchen Zeitschriften findet.

6 Ein Handyverbot würde die Eltern härter bestrafen als alle anderen. Die sind nämlich die Einzigen, die den ganzen Tag anrufen, um ihre Kinder zu überwachen.

7 Wie beim Pop kommt die Hysterie hier aus England, da wurde Happy Slapping erfunden – und zu einem bedrohlichen Phänomen gemacht. Ein britischer Forscher hat gesagt: „Ich denke nicht, dass Happy Slapping neue Gewalt verursacht, sondern dass die schon bestehende Gewalt sichtbar gemacht wird." Anders ausgedrückt: Gewalt gab es schon immer, nur Fotoapparate gibt es jetzt mehr.

jetzt.de

b 💡 Lesen Sie die Texte online und machen Sie die Aufgaben.

c Können Sie Argumente gegen die Aussagen der bayerischen Schülerinnen/Schüler im Text finden? Führen Sie dann eine Debatte in der Klasse.

3 Stellen Sie sich vor, dass noch kein Handy-Verbot in Ihrer Schule besteht. Schreiben Sie einen Brief (ca. 100 Wörter) an den Schulleiter/ die Schulleiterin, in dem Sie sich für ein Handy-Verbot aussprechen.

4 a Was bedeuten die folgenden Wörter? Schlagen Sie sie wenn nötig in einem (eventuell digitalen) Wörterbuch nach, bevor Sie sich das Interview anhören.

i	der Schlager	v	die (Schall)platte
ii	bereuen	vi	schrumpfen
iii	der Geschmack	vii	(ein Profil) anlegen
iv	greifbar	viii	übersteigen

b 🎧 Hören Sie sich das Interview an und beantworten Sie die Fragen auf Englisch.

i How did people find a favourite song before?

ii Why does Karlheinz Brandenburg not regret the change to playlists and ID3 tags?

iii On what basis will new technology be able to sort and select music?

iv What difficulty do some people see in music in digital form?

v How can that difficulty be overcome?

vi What point does Karlheinz Brandenburg make about the future of CDs and (vinyl) records?

vii What is the problem with the new technology which will recognise tunes sung out loud by somebody?

viii How will we listen to music in ten years' time?

ix What does Karlheinz Brandenburg say about the designers of the future?

c 💡🎧 Hören Sie sich das Interview noch einmal an und machen Sie die Aufgabe online.

5 💡 Sehen Sie die Resultate einer Umfrage auf dem Arbeitsblatt und beantworten Sie die Fragen.

6 💡 Lesen Sie den Text auf dem Arbeitsblatt und machen Sie die Aufgaben.

7 💡 Was wird uns der technologische Fortschritt in den nächsten zehn Jahren bringen? Welche Entwicklung könnte für Sie am bedeutungsvollsten sein und warum? Schreiben Sie ca. 150–200 Wörter zu diesem Thema. Benutzen Sie das Arbeitsblatt.

Schlüsselausdrücke

Technology of the future

Zweifelsohne gibt es Situationen, in denen ein Handy stört.

Es ist selbstverständlich, dass das Handy im Unterricht ausgeschaltet sein muss.

Es ist unakzeptabel, wenn im Unterricht ständig ein anderes Handy klingelt.

Das Handy als Modeartikel – man ist ‚out', wenn man kein/nicht das ‚richtige' Handy hat.

Man kann sich gegen Krebs impfen lassen.

Autos mit Elektromotoren sind billiger als Autos mit Benzin-/ Dieselmotoren.

Erneuerbare Energiequellen wie Solarenergie, Wellenenergie und Windenergie haben weitgehend die fossilen Energien ersetzt.

Der Missbrauch von Handys darf nicht zu einem allgemeinen Handy-Verbot führen.

Wir tragen alle einen implantierten Chip mit unseren medizinischen Daten in uns herum.

🔧 Strategie

Talk about possible developments

💡 Grammatik

Use the future tense

■ In German the future tense is formed by combining the present tense of *werden* with the infinitive of the appropriate verb, which goes to the end of the clause.

Wir **werden** in die Stadt **fahren**. *We will/shall go to town.*
Wann **werden** Sie in Köln **ankommen**? *When will you arrive in Cologne?*

■ If the sentence includes a time phrase, then the present tense can convey a future meaning, e.g.:

Ich helfe Ihnen gern nächste Woche. *I'll gladly help you next week.*

Now you should be able to:

- ■ Understand and produce the vocabulary for different uses of the Internet
- ■ Understand and express wishes about the future of the Internet

- ■ Discuss and evaluate the benefits and dangers of the Internet
- ■ Discuss ways of making the Internet safer for young people
- ■ Explore the impact that the Internet has had on everyday life

- ■ Understand and produce the vocabulary for different types of electronic technology
- ■ Discuss and evaluate the importance of electronic technology in young people's lives
- ■ Explore potential developments in electronic technology

Grammar

- ■ Form and use the passive
- ■ Use prepositions and cases
- ■ Use the future tense

Skills

- ■ Answer questions in German
- ■ Understand compound words
- ■ Talk about possible developments

Testen Sie sich!

1 Füllen Sie die Lücken aus.

Im Internet kann man Information ...... , Musik ...... , Leute ...... und E-Mails ....

2 Was kann man an eine E-Mail anhängen? Geben Sie zwei Beispiele an.

3 Worüber spricht man hier?

Leider benutzen auch Verbrecher das Internet. Wie kann man das verhindern?

4 Übersetzen Sie ins Englische.

Manche Jugendliche werden Internetsüchtig. Sie schalten den Computer nie aus.

5 Nennen Sie zwei Vorteile des Internets.

6 Bringen Sie die Wörter in die richtigen Reihenfolge.

Ich eine auskommen könnte weiß Internet ich nicht Woche ob ohne.

7 Füllen Sie die Lücken aus.

Herr Schindler hat es sich ...... Aufgabe gemacht, ... Jugendschutz ...... Internet zu kontrollieren.

8 Was bedeutet W-LAN auf Deutsch?

9 Warum will man Handys in Bayerns Schulen verbieten? Geben Sie einen Grund an.

10 Füllen Sie die Lücken mit der richtigen Form des Futurs aus.

Vision der Zukunft: Es ...... kein Bargeld mehr ......, wir ...... computergesteuerte Autos ...... und vielleicht ...... man sogar ‚digitale Kleidungsstücke' ....

AQA ✓ Examiner's tips

Listening

If you don't immediately **recognise a word**, don't panic. Listen to the whole phrase and see if you can guess its meaning.

Speaking

The first question always asks for the overall general idea. It is sufficient to answer in just one sentence.

Reading

You don't have to understand every word. Even if you only have a rough idea of the contents after your first read-through, you will be surprised at how much more you understand after the third or fourth time you read the text.

Writing

Plan your structure before you start. Make some bullet points for possible content, and jot down relevant words. See where these can be used in your structure.

Die Kultur unserer Zeit
4 Kino

By the end of this chapter you will be able to:

	Areas of study	Grammar	Skills
A **Filme und Filmstars**	■ Understand and use the vocabulary needed for expressing your opinions on the subject of films ■ Describe actors and types of films ■ Express your opinion on film stars and various types of films	■ Use the perfect tense	■ Answer questions orally in German
B **Ein guter Film, den ich gesehen habe**	■ Narrate films ■ Compose your own film critique	■ Use the imperfect tense	■ Look up irregular verbs
C **Kino – Heimkino**	■ Discuss different ways of watching cinema films ■ Discuss different types of cinema ■ Discuss the role cinema plays in our modern life	■ Use the genitive case	■ Give an oral presentation

Wussten Sie schon?

Vor den beiden Weltkriegen war Deutschland Hollywoods größte Konkurrenz in der Filmindustrie.

International bekannte deutsche Regisseure:

Fritz Lang: *Metropolis* (1927)

Wolfgang Petersen: *Airforce One* (1997), *Outbreak* (1995), *Das Boot* (1981)

Wim Wenders: *The Million Dollar Hotel* (2000), *Land of Plenty* (2004)

International bekannte deutschsprachige Schauspieler:

Marlene Dietrich: *Der blaue Engel* (1930), *Around the World in 80 Days* (1956)

Mario Adorf: *Die Blechtrommel* (1979), *Kir Royal* (1986)

Daniel Brühl: *Das Bourne Ultimatum* (2007)

Franka Potente: *Das Bourne Identity/Supremacy* (2007)

International bekannte deutsche Filme:

Lola rennt (1998)

Buena Vista Social Club (1999)

Goodbye, Lenin (2003)

Das Parfum (2006)

Das Leben der Anderen (2006)

Zum Aufwärmen

1 Was ist die Berlinale?
   a ein Film
   b eine Wurst
   c ein Filmfestival

2 Wie heißt ,Regisseur' auf Englisch?
   a hairdresser
   b film director
   c understudy

3 Wer war Leni Riefenstahl?
   a eine Regisseurin
   b eine Tänzerin
   c eine Bundeskanzlerin

4 Wo ist Arnold Schwarzenegger geboren?
   a in der Schweiz
   b in Österreich
   c in Deutschland

5 Welche deutsche Stadt spielt eine Rolle in dem Film „The Bourne Supremacy"?
   a München
   b Hamburg
   c Berlin

Vokabeln

burschikos *(tom)boyish*

Aufsehen erregen *to draw attention*

die Schauspielausbildung(en) *training as an actor*

entdecken *discover*

mit einem Preis ausgezeichnet werden *to be awarded a prize*

abbrechen *to break off*

mitwirken *to participate*

es nach Hollywood schaffen *to make it to Hollywood*

erscheinen *to appear*

das Mädchen von nebenan *the girl next door*

überragen *to tower above*

lässig *casual*

zickig *silly*

eine Gänsehaut bekommen *to get goose bumps*

der Zuschauer(-) *spectator*

der Nachwuchsschauspieler(-) *talented young actor*

ablehnen *to refuse*

synchronisieren *to dub*

der Darsteller(-) *actor*

---

1 Welche Filmgenre sehen Sie am liebsten? Ordnen Sie die folgenden Filmgenre nach Ihrem Geschmack von 1–10. Können Sie Ihre Auswahl erklären?

> Horrorfilme   Liebesfilme   Abenteuerfilme   Thriller   Actionfilme   Zeichentrickfilme   Komödien   Drama   Gruselfilme   Krimis

2 a 💡 Lesen Sie den Text und machen Sie die Aufgaben online.

Achtung Hollywood!

Die großen Deutschen sind da. Früher war es Marlene Dietrich, die die Männerherzen höher schlagen ließ, heute sind es eher burschikose Typen wie Franka Potente und Daniel Brühl, die Aufsehen erregen.

Eine deutsche Schauspielerin: Franka Potente

Franka Potente wurde am 22.7.1974 in Dülmen in Deutschland geboren. Nach dem Abitur ist sie 1994 nach München gegangen, um eine Schauspielausbildung zu machen. Aber während des Studiums wurde sie von einer Casting-Agentin in einer Szenekneipe entdeckt und hat 1995 ihr erstes Filmdebut gegeben, für das sie gleich mit einem Preis ausgezeichnet wurde. Daraufhin hat sie ihre Schauspielausbildung abgebrochen und in zahlreichen Filmen mitgewirkt.

International berühmt wurde sie 1997 mit dem ungewöhnlichen Film „Lola rennt". Für ihre Rolle wurde sie mit acht deutschen Preisen ausgezeichnet. 2001 hat sie es auch nach Hollywood geschafft und hat in dem Film „Blow" Johnny Depps Freundin gespielt. Sie ist an der Seite von Matt Damon 2001 und 2003 in den „Bourne" Filmen erschienen.

Die Kritiker sagen über sie: Potente hat diese glaubwürdige Schönheit des Mädchens von nebenan und das, obwohl sie ihre meisten männlichen Kollegen um fast einen Kopf überragt. Sie ist selbstbewusst, lässig und garantiert nicht zickig, eine Seltenheit unter den heutigen Hollywood-Divas.

Ein deutscher Schauspieler: Daniel Brühl

Die Mädchen lieben ihn: „Daniel Brühl ist der süßeste, hübscheste Mensch, den ich je in meinem Leben gesehen habe." Er ist der Traum manch einer Schwiegermutter. Aber auch männliche Zeitgenossen zeigen sich beeindruckt: „Ich kenne keinen deutschen Schauspieler, der seine Rollen mit soviel Intensität spielt, dass man als Zuschauer eine Gänsehaut bekommt."

Daniel Brühl gilt als Deutschlands größter Nachwuchsschauspieler und kann sich seine Rollen aussuchen. Aber er lehnt es ab, Rollen zu spielen, die er nicht gut findet, egal wie gut sie bezahlt sind. Geboren ist er in Barcelona, aufgewachsen in Köln. Schon mit acht Jahren hat er in Hörspielen im Radio mitgewirkt. Dann hat er Spielfilme synchronisiert und im Schultheater mitgespielt. Trotzdem hat Daniel die Schule mit dem Abitur beendet. Im Alter von 26 Jahren stand er zum ersten Mal vor der Kamera. Er hat dann in vielen verschiedenen Filmen mitgespielt und hat für seine Rollen Preise gewonnen.

International berühmt wurde er durch den Film „Goodbye, Lenin!". Für diese Rolle wurde Daniel Brühl beim Deutschen und Europäischen Filmpreis als bester Darsteller ausgezeichnet. Seit Jahren wirkt er auch bei anderen internationalen Projekten mit. In „Der Duft von Lavendel" hat er neben Judy Dench und Maggie Smith den Musiker Andrea Marowski gespielt. In „Das Bourne Ultimatum" mit Matt Damon ist er ein Auftragskiller.

b Erzählen Sie den Lebenslauf von Franka Potente und Daniel Brühl mit eigenen Worten. Benutzen Sie die folgenden Satzanfänge.

- 1994 ist sie nach München …
- Danach hat eine Casting-Agentin …
- 1995 hat sie …
- Er ist in Barcelona …
- Aber er ist in Köln …
- Zuerst hat er …

c 💡 Schreiben Sie eine kurze Biografie über Ihre Lieblingsschauspielerin/Ihren Lieblingsschauspieler. Schreiben Sie ungefähr 150 Wörter. Benutzen Sie das Arbeitsblatt und auch diese Webseiten wenn nötig: www.film.de, www.critic.de, www.cinema.de.

3 a 🎧🖥 Sehen Sie sich das Video an. Machen Sie eine Tabelle und schreiben Sie auf, welche Filme diese Personen mögen oder nicht mögen. Notieren Sie jeweils auch die Gründe dafür.

	Welche Filme mag sie/er?	Warum?
Franziska		
Martin		
Christine		
Anna		
Jan		

b 💡🎧🖥 Hören Sie noch einmal zu und machen Sie die Aufgaben online.

4 a 🔖 Beantworten Sie die Fragen für sich selbst und befragen Sie dann eine Partnerin/einen Partner. Benutzen Sie auch das Arbeitsblatt.

i Was für Filme siehst du am liebsten? Warum?

ii Was ist dein Lieblingsfilm? Warum findest du ihn so gut?

iii Wer ist deine Lieblingsschauspielerin/dein Lieblingsschauspieler? Warum? Beschreibe ihr/sein Aussehen und ihren/seinen Charakter. Was gefällt dir so an dieser Person?

iv Was für Filme magst du überhaupt nicht? Warum nicht?

v Welche Schauspieler magst du überhaupt nicht? Warum nicht?

b 💡 Machen Sie ein Spiel: Beschreiben Sie in mindestens acht Sätzen eine Schauspielerin/einen Schauspieler. Die Klasse muss raten, wer gemeint ist.

🔄 Strategie

Answer questions orally in German

When asked questions after a presentation, or in speaking exams, there are some techniques you can apply to answer as elegantly as possible.

1 **Plan your answer** before you start speaking and take a moment to think through what you want to say.

2 **Stick to what you know**.

3 Use **paraphrases** if you can't remember a word.

💡 Grammatik

Use the perfect tense

- The perfect tense is used to describe something that happened in the past, e.g.:
  Er **hat** einen jungen Ostberliner **gespielt**.
  Sie **ist** nach Hollywood **gegangen**.

- The German perfect tense has two meanings in English:
  Er hat einen jungen Ostberliner gespielt. *He has played/He played a young Eastberliner.*

- To form the perfect tense you need to use *haben* or *sein* and the past participle.

- In spoken and informal German, e.g. private letters, the perfect tense is used more frequently. On the other hand, in written and formal German, the imperfect tense (see page 37) is used, e.g.:
  Er **spielte** einen jungen Ostberliner.

Schlüsselausdrücke

Films and filmstars

Der Film erzählt die Geschichte von …/in dem Film geht es um …

Der Film spricht wichtige Themen an – wie …

Die Entwicklung der Hauptfiguren ist glaubwürdig/überzeugend.

der Höhepunkt/der Wendepunkt der Handlung

Der Film hat mir gut/nicht/ überhaupt nicht gefallen, weil …

Das Besondere an dem Film ist …/ was mich beeindruckt hat, ist …

Der Film könnte auch ein anderes Ende haben.

Besonders gut hat mir gefallen, dass …

Es lohnt sich (nicht), den Film zu sehen, weil …

1 Finden Sie den entsprechenden englischen Titel für die deutschen Filmtitel.

a Der Fluch der Karibik   i Pirates of the Caribbean

b Das Imperium schlägt zurück   ii Die Hard

c Der Herr der Ringe   iii The Empire strikes back

d Stirb Langsam   iv Lord of the Rings

e Drei Engel für Charlie   v Star Wars

f Der Krieg der Sterne   vi Charlie's Angels

2 Drei deutsche Filme: Welcher Filmtitel (a–c) passt zu welcher Beschreibung (i–iii)?

a Das Boot
Spielfilm
D 1980/81
Regie: Wolfgang Petersen

b Good Bye, Lenin!
Tragikomödie
D 2002
Regie: Wolfgang Becker

c Der Untergang
Drama
D 2004
Regie: Oliver Hirschbiegel

i In den Straßen Berlins tobt der Häuserkampf. Hitler hat sich mit einigen Generälen und engsten Vertrauten im Führerbunker verschanzt. Der Film versucht, die letzten Stunden im Leben des Diktators zu rekonstruieren.

ii Ost-Berlin. Sommer 1989. Deutschland steht vor der Wiedervereinigung. Alex Kerner, gerade 21, muss die Geschichte anhalten. Seine alleinerziehende Mutter, Christiane, eine politisch sehr treue DDR Bürgerin, fällt kurz vor Mauerfall in ein Koma und wacht für alle überraschend acht Monate später wieder auf.

iii Der Film basiert auf einer authentischen U-Boot Operation des Kriegsjahres 1941. Vom Hafen La Rochelle, Frankreich, bricht das deutsche U-Boot U-96 auf, um im Atlantik britische Frachtschiffe zu torpedieren. Eindrucksvoll wird das Leben auf einem U-Boot zu Kriegszeiten geschildert.

3 a Geben Sie den Text in Ihren eigenen Wörtern auf **Englisch** wieder, übersetzen Sie ihn aber nicht Wort für Wort.

Lola rennt

Thriller, Experimentalfilm
Deutschland 1998, ca. 81 min
FSK: ab 12
Ein Sommertag in Berlin 1998. Lola und Manni sind über 20 und ein Liebespaar. Durch einen unglücklichen Zufall hat Lola Manni verpasst, den sie eigentlich abholen sollte. Schon bald zeigt sich, wie so etwas das Leben ganz entscheidend verändern kann: Manni musste die U-Bahn nehmen und hat dort einen Beutel mit 100 000 DM verloren, die er einem skrupellosen Kriminellen schuldete. Wenn er das Geld aber nicht in 20 Minuten abliefert, ist er ein toter Mann.

In seiner Verzweiflung hat er Lola angerufen, die bisher für jedes Problem einen Ausweg fand. Lola ist daraufhin losgerannt, um das Geld von ihrem Vater, einem Direktor einer großen Bank, zu besorgen. Manni hat aber derweil in seiner Verzweiflung einen Supermarkt überfallen. Als er mit Lola vor der Polizei flüchten wollte, sind Schüsse gefallen. Doch in dem Moment wo alles aus zu sein scheint, wird im Film die Zeit plötzlich zurückgedreht.

Lola und Manni haben noch eine zweite Chance. Und wieder rennt Lola los. Der Film zeigt dann noch zwei andere Möglichkeiten eines Endes. Mal hat Lola das Geld bekommen, mal nicht, und alles hing von Kleinigkeiten und Zufällen ab.

Der Film ist interessant und neu, weil der Regisseur verschiedene Stilmittel wie Videoclips und Zeichentrick mischt.

b 💡 Lesen Sie den Text noch einmal und machen Sie die Aufgaben auf dem Arbeitsblatt.

4 a 💡🎧 Hören Sie der Filmkritik zu. Schreiben Sie die Tabelle ab und füllen Sie sie auf Deutsch aus.

Film	Bewertung: positiv/negativ	positive Kritikpunkte	negative Kritikpunkte
Shrek 3	negativ	gute Animationsszenen, ...	......

b 💡🖐 Hören Sie noch einmal zu und machen Sie die Aufgaben auf dem Arbeitsblatt.

c 💡🖊 Sie sind Filmkritiker. Schreiben Sie Ihre eigene Filmkritik zu einem Film Ihrer Wahl. Erwähnen Sie Schauspieler, Stimmung, Ablauf ... Nehmen Sie dann diese Kritik mit Hilfe des Aufnahmeknopfs online auf.

5 💡 Spiel: Erzählen Sie Ihrer Partnerin/Ihrem Partner die Handlung eines Films, den Sie gesehen haben, ohne die Namen der Charaktere zu erwähnen. Sie/Er muss raten, welcher Film gemeint ist. Benutzen Sie das Imperfekt. Benutzen Sie das Arbeitsblatt.

6 💡 Der Film „Lola rennt" hat drei verschiedene Enden. Schreiben Sie ein neues Ende zu einem Film Ihrer Wahl. Benutzen Sie das Arbeitsblatt.

Vokabeln

der Zufall(¨e) *coincidence*

verpassen *to miss*

entscheidend *decisive*

verändern *to change*

der Beutel(-) *bag*

skrupellos *without scruples*

der Kriminelle(n) *a criminal*

schulden *to owe*

abliefern *to deliver*

in seiner Verzweiflung *in his desperation*

einen Ausweg finden *to find a way out*

losrennen *to start running*

einen Supermarkt überfallen *to rob a supermarket*

flüchten *to flee*

Schüsse fallen *shots are fired*

zurückdrehen *to turn back*

die Stilmittel (pl) *stylistic means, stylistic device*

💡 Grammatik

Use the imperfect tense

■ The imperfect can have three meanings in English:
Er **besuchte** seinen Vater. = *He visited his father./He was visiting his father./He used to visit his father.*

■ **Regular verbs** have the following endings added to the stem:

ich mach**te**	wir mach**ten**
du mach**test**	ihr mach**tet**
er/sie/es mach**te**	Sie/sie mach**ten**

■ **Irregular verbs** take a different set of endings and frequently change their main vowel:

ich **sah**	wir **sahen**
du **sahst**	ihr **saht**
er/sie/es **sah**	Sie/sie **sahen**

■ Some verbs are mostly used in the imperfect tense (and not in the perfect) when talking about the past: **the modal verbs** (*ich konnte, ich musste, ich wollte, ich durfte, ich sollte, ich möchte*), **sein** (*ich war*), **haben** (*ich hatte*), **wissen** (*ich wusste*), **denken** (*ich dachte*), **glauben** (*ich glaubte*), **brauchen** (*ich brauchte*) and **geben** (*es gab*).

C Kino – Heimkino

1 Was fällt Ihnen zum Wort ‚Kino' ein? Machen Sie ein Assoziationsdiagramm.

2 a Lesen Sie den Text und beantworten Sie die Fragen auf Deutsch.

Der Siegeszug der DVD ist nicht zu stoppen

Bisher hat das Kino das Recht auf Erstaufführungen für Filme für sich beansprucht. Erst nach Monaten kommen sie dann auf DVD heraus. Das soll sich nun ändern. Der Star-Regisseur Steven Soderbergh will, dass seine neuen Filme am selben Tag im Kino, auf DVD und im Fernsehen herauskommen.

Das Kino steckt schon seit einiger Zeit in einer Krise. Die Zuschauer bleiben weg. Hollywood verdient durch den Verkauf von DVDs zwei- bis dreimal soviel wie an den Kinokassen. Das beeinflusst, welche Filme gedreht werden. Hollywood macht nur noch Filme, die sich hinterher gut als DVD verkaufen. Zu Hause möchte man aber lieber ein Happy End sehen und sich entspannen. Filme nach anderem Muster verkaufen sich schlechter.

Der Trend ist: weg von den Kinos und hin zum Wohnzimmer. Der Grund: Kinotickets werden immer teurer, DVDs immer billiger und technologisch wird die Kluft zwischen Heimkino und Kino immer kleiner. Mit einem Beam kann man inzwischen DVDs in erstklassiger Qualität auf die Leinwand projizieren, und der dazugehörige Surroundton kommt aus der HiFi-Anlage. Es ist bequemer, einen Film zu Hause anzuschauen, man kann ihn unterbrechen, essen und trinken, was man will, und dabei die Beine auf den Tisch legen.

Immer weniger Filme werden in nur einer Version angeboten. Die DVD wird verschiedene Versionen desselben Films und verschiedene Schlussszenen anbieten. Der Zuschauer kann sich das Werk dann nach eigenem Geschmack zusammenstellen, als eine Art ‚Schattenregisseur'.

Kinos müssen sich immer neue Attraktionen ausdenken, um die Zuschauer zu halten. Riesige Kinokomplexe, die mehr als nur Kino anbieten, sind im Moment die Lösung, aber viele Experten prophezeien den Tod des Kinos. Ob es tatsächlich so weit kommen wird, ist die Frage. Auf jeden Fall wird es immer bequemer und attraktiver, einen Film zu Hause zu genießen.

SPIEGEL

  i   Was will der Regisseur Steven Soderbergh einführen?

  ii   Warum sind DVDs für die Filmindustrie wichtig?

  iii   Wie bestimmen DVDs den Inhalt eines Films?

  iv   Warum sehen die Leute sich einen Film lieber zu Hause an?

  v   Was für Vorteile bietet die DVD sonst noch?

  vi   Wie versuchen Kinos die Leute ins Kino zu locken?

b 💡 Machen Sie jetzt die Aufgabe online.

3 a 💡🎧 Hören Sie zu. Was sind die Vor- und Nachteile dieser drei Möglichkeiten, einen Film zu sehen? Schreiben Sie die Tabelle ab und füllen Sie sie auf Deutsch aus.

Multiplexkino	kleines Kino in der Brotfabrik	Heimkino

b 💡 Machen Sie die Aufgabe online.

c 💡🎧 Hören Sie noch einmal zu und machen Sie die Aufgaben online.

4 Stimmen Sie mit dem Text unten überein oder sehen Sie sich Ihre Filme lieber zu Hause an? Schreiben Sie ca. 100 Wörter, in denen Sie Ihre eigene Einstellung zum Kino darstellen.

> Ins Kino gehen ist immer ein Erlebnis! Man taucht in eine fremde Welt ein. Es ist wie Magie: Man sitzt in einem Kinosessel, das Licht geht aus und der Film beginnt. Und schon ist man mitten im Piratengetümmel, läuft an der Seite von James Bond oder hat Angst vor dem Mörder.

5 💡 Halten Sie einen kurzen Vortrag zu dem Thema „Die Rolle des Kinos heutzutage". Benutzen Sie zur Vorbereitung Ihre Argumente aus der vorigen Übung und die Arbeitsblätter.

💡 Grammatik

Use the genitive case

■ The genitive case shows possession and translates as 'of the', 'of my', etc.
Ich mag die Freundin **meiner** Schwester. *I like my sister's friend.*
Manche prophezeien den Tod **des** Kinos. *Some foresee the death of the cinema.*

■ The table below shows you how the definite and indefinite articles and possessive adjectives change in the genitive case and how you add an *-s* or *-es* to a singular masculine or neuter noun.

	masculine	feminine	neuter	plural
nominative	der Mann	die Frau	das Kind	die Kinder
genitive	**des** Manne**s**	**der** Frau	**des** Kinde**s**	**der** Kinder
genitive	**meines** Manne**s**	**meiner** Frau	**meines** Kinde**s**	**meiner** Kinder

■ Certain prepositions are followed by the genitive case:
anlässlich *on the occasion of*   anstelle *instead of*
außerhalb *outside*   innerhalb *within*   trotz *despite*
während *during*   wegen *due to; because of*
Trotz des Wetters hat sie gewonnen. *Despite the weather, she won.*
Innerhalb einer Stunde ist alles verkauft worden. *Within an hour everything was sold.*

Schlüsselausdrücke

Cinema

Ich möchte über … sprechen.

Heutzutage …

Die Statistiken zeigen, …

Der Trend geht dahin, dass …

Der Grund dafür ist vielleicht, dass …

Also, man sieht ganz klar, …

Zusammenfassend kann man sagen, …

Ins Kino zu gehen, ist immer noch ein besonderes Erlebnis.

Die Atmosphäre eines Kinos ist …

die große/kleinere Leinwand

Ein ruhiger Filmabend zu Hause ist entspannender.

Man kann gucken, wann und was man will.

Man ärgert sich nicht über andere Besucher.

Kino als Unterhaltung/Treffpunkt zum gemeinsamen Erleben/Denkanstoß

🔖 Strategie

Give an oral presentation

1 Collect information, ideally from a few different sources.

2 Plan the structure of your talk and write it down.

3 Read through and highlight important bits – you'll be able to see where you are more easily.

4 Practice your speech. Keep an eye on the clock if you have been given a time limit.

5 Be prepared to discuss your talk afterwards with other students.

Now you should be able to:

- Understand and use the vocabulary needed for expressing your opinions on the subject of films
- Describe actors and types of films
- Express your opinion on film stars and various types of films
- Narrate films
- Compose your own film critique
- Discuss different ways of watching cinema films
- Discuss different types of cinema
- Discuss the role cinema plays in our modern life

Grammar

- Use the perfect tense
- Use the imperfect tense
- Use the genitive case

Skills

- Answer questions orally in German
- Look up irregular verbs
- Give an oral presentation

■ Testen Sie sich!

1 Zu welchem Filmgenre passt die folgende Definition?

Es ist ein Film, der beim Zuschauer durch die Stimmung ein Gefühl der Angst und des Schauderns erzeugen will.

2 An welche Fakten aus Franka Potentes Biografie erinnern Sie sich?

Sie hat ihre Schauspielausbildung abgebrochen und hat dann in mehreren Filmen mitgewirkt.

3 Füllen Sie die Lücken mit den Perfektformen der folgenden Verben aus.

> empfehlen fahren anschauen treffen

Er …… mir die Berlinale …… . Ich …… dorthin ……, und wir …… uns die neusten Filme …… . Abends …… wir die Schauspieler in der Kneipe …… .

4 Äußern Sie Ihre Meinung und beenden Sie den Satz.

Der Film „Lola rennt"…

5 Wie kann man den folgenden Satz anders ausdrücken?

Die Story schleppt sich ohne Höhepunkte dahin.

6 Füllen Sie die Lücken mit den richtigen Verben in der Imperfektform aus.

Manni …… den Beutel mit dem Geld in der U-Bahn, daraufhin …… er Lola an, die …… dann los, um das Geld zu finden. Inzwischen …… Manni einen Supermarkt.

7 Übersetzen Sie den folgenden Satz ins Englische.

Bei einigen Filmen will ich nicht warten, bis ich sie mir zu Hause ansehen kann.

8 Beenden Sie den Satz.

Für Heimkino spricht, …

9 Füllen Sie die Lücken mit dem Genitiv aus.

der Tod …… Kinos, der Siegeszug …… DVD, die Größe …… Leinwand, der Bildschirm …… Fernsehers

10 Wie drückt man den folgenden deutschen Ausdruck auf Englisch aus?

Zusammenfassend kann man sagen …

AQA Examiner's tips

Listening

Be guided by the **number of marks** awarded for each question. This will help you to establish how much information you need to give in your answers.

Speaking

It doesn't matter if you don't know a word. Describe it in German, say: *Ich habe das Wort vergessen, es ist ein Film für Mädchen, nicht für Jungen …* the examiner will give you the word. But not if you say: *Ich habe das Wort für* Chickflick *vergessen*.

Reading

Make the best use of the time available. Skim through the test and try to estimate which tasks will need more time. Allot more time for bigger tasks.

Writing

Know your prepositions that govern different cases. Memorise the sequences of prepositions, at least the most common ones.

Die Kultur unserer Zeit
5 Musik

By the end of this chapter you will be able to:

	Areas of study	Grammar	Skills
A **Musik und Musiktrends**	■ Understand and use the vocabulary for different types of music ■ Understand and give short descriptions and opinions of different types of music ■ Explore different eras and trends in music	■ Compare adjectives	■ Express your opinion
B **Musik, die mir gefällt**	■ Understand the language of praise and criticism of artists ■ Explore trends in technology surrounding music ■ Understand and explore the meaning of a song ■ Express personal opinions and reactions to music ■ Talk about some German artists	■ Use modal verbs	■ Summarise a listening passage in English
C **Macht der Musik**	■ Understand and express the effect music has on people and explore the extent to which music is part of everyday life ■ Explore people's reactions towards music festivals	■ Use possessive adjectives	■ Paraphrase words and passages

■ Wussten Sie schon?

- ■ „Splash" ist Deutschlands größter Hip Hop-Festival.
- ■ Die Popkomm in Berlin ist eine große internationale Handelsmesse der Musikbranche mit Musikfestival.
- ■ „Rammstein" ist neben den „Skorpions" die international erfolgreichste deutsche Musikgruppe. Insgesamt verkauften sie bereits über 12 Millionen Platten.
- ■ Deutsche Jugendliche hören gern R&B und Pop, aber am liebsten hören sie Hip Hop, Rap und Rock.

■ Zum Aufwärmen

1 Welcher dieser Komponisten kommt aus Deutschland?
  a Mozart
  b Händel
  c Chopin

2 Was ist ein Schlagzeug?
  a ein Blasinstrument
  b Trommeln und Zymbeln
  c ein Kleidungsstück

3 Wie hieß der Komponist Bach mit Vornamen?
  a Wolfgang Amadeus
  b Johann Sebastian
  c Georg Friedrich

4 Wie heißt dieses deutsche Weihnachtslied?
  a Stille Nacht, Heilige Nacht
  b Heilige Nacht, Stille Nacht
  c Nächtliche Stille, Heilige Stille

5 Welcher dieser Interpreten und Musikgruppen ist deutsch?
  a Katie Melua
  b Xavier Naidoo
  c Malibu Stacy

Musik und Musiktrends

Vokabeln

gängig der Hof(¨e) *common court*

der Minnesang (-) *songs that declare courtly love*

die oberen Stände *upper classes*

der Bürger(-) *citizen*

die Kaufleute (pl) *merchants*

die Unterhaltung(en) *entertainment*

die Erziehung(en) *education*

die Ausbildung(en) *training*

unterteilen *to split up*

die Aufnahmetechnik(en) *recording techniques*

der Klang(¨e) *the sound*

Johann Sebastian Bach (1685–1750)

Georg Friedrich Händel (1685-1759)

Wolfgang Amadeus Mozart (1756–1791)

Ludwig van Beethoven (1770–1827)

Franz Schubert (1797–1828)

Richard Wagner (1813–1883)

1 💡🎧 Hören Sie sich die folgenden acht Musikausschnitte an und ordnen Sie sie zu.

i	Volksmusik	v	Pop
ii	Hip Hop	vi	Rap
iii	klassische Musik	vii	Liedermacher
iv	Jazz	viii	Oper

2 a Lesen Sie den Text und beantworten Sie die Fragen.

Kleine Musikgeschichte

Mittelalter

Im Mittelalter komponierte man Musik hauptsächlich für die Kirche. Die gängigste Musikform war der gregorianische Gesang. Sonst spielte man Musik nur noch am Hof, wo der Minnesang, eine besondere Art von Liebeslied, entwickelt wurde.

Deutschsprachige Vertreterin des gregorianischen Gesangs:
Hildegard von Bingen (1098–1170)
Deutschsprachiger Vertreter des Minnesangs:
Walter von der Vogelweide (1170–1230)

Renaissance

Die Renaissance ist das Zeitalter der Wiederentdeckung von klassischen, vor allem griechischen und römischen, Idealen. Sie ging von Italien aus. Es gab ein zunehmendes Interesse für Musik vonseiten der Bürger und des Hofs. Musik war nicht mehr exklusiv nur eine Kunstform für die Kirche.

Deutschsprachige Komponisten:
Michael Prätorius (1571–1621)

Barock

Jetzt interessierten sich die oberen Stände der Bürger und Kaufleute immer mehr für Musik. Sie begannen, Musik als Unterhaltung und Erziehung zu sehen. Die Sonate und die Oper wurden immer beliebter.

Deutschsprachige Komponisten:
Johann Sebastian Bach (1685–1750),
Georg Friedrich Händel (1685–1759)

Klassik

Die Leute hatten mehr Geld, und so konnten sich auch viele mittelständische Bürger für Musik interessieren, Musikunterricht nehmen und ihre eigene Musik machen.

Deutschsprachige Komponisten:
Wolfgang Amadeus Mozart (1756–1791), Ludwig van Beethoven (1770–1827)

Romantik

Die Ausbildung von Musikern fand immer weniger am Hof und in der Kirche statt. Musik wurde zunehmend für alle Leute gemacht. Volks-, Trink- und Heimatlieder wurden wieder beliebter, weil es ein romantisches Wiederaufleben der Vergangenheit gab.

Deutschsprachige Komponisten:
Franz Schubert (1797–1828), Richard Wagner (1813–1883)

20. Jahrhundert

Zum ersten Mal wird Musik in Unterhaltungsmusik und klassische Musik unterteilt. Die Entdeckung anderer Kulturen beeinflusst die Musik und neue Technologien wie Elektrizität und Aufnahmetechnik bringen neue Klänge und Töne.

Deutschsprachige klassische Komponisten:
Carl Orff (1885–1982), Arnold Schönberg (1874–1951)

i   Wo wurde im Mittelalter hauptsächlich Musik gespielt?

ii   Wer war Hildegard von Bingen?

iii Was wurde in der Renaissance wieder entdeckt?

iv   Wann wurde Musik nicht mehr ausschließlich für die Kirche und den Hof komponiert?

v   In welcher Zeitperiode begannen sich die Bürger und Kaufleute mehr für Musik zu interessieren?

vi   In welchem Zeitalter begann der Mittelstand sich für Musik zu interessieren?

vii Wann wurde Musik zum ersten Mal in populäre und klassische Musik getrennt?

b 💡 Lesen Sie den Text noch einmal und machen Sie die Aufgaben online.

3 a 💡🎧 Hören sie sich eine kurze Zusammenfassung der Geschichte der Popmusik in Deutschland an. Fassen Sie den Hörtext auf Englisch zusammen.

b 💡🎧 Hören Sie noch einmal zu und machen Sie die Aufgaben online.

4 a 💡 Was für Musik hören Sie am liebsten, was hören Sie überhaupt nicht gern? Begründen Sie Ihre Meinung.

b ✎ Arbeiten Sie mit einer Partnerin/einem Partner zusammen. Diskutieren Sie die verschiedenen Musikstile und äußern und begründen Sie Ihre Meinung. Vertreten Sie die Ihrer Partnerin/ Ihrem Partner entgegengesetzte Meinung.

Beispiele: _____

Positiv	Negativ
Ich liebe die deutschen Lieder-macher, weil ihre Texte poetisch sind und etwas aussagen. Oft drücken sie auch eine politische Meinung aus und protestieren gegen Ungerechtigkeit.	Ich finde das überhaupt nicht. Die Melodien sind oft langweilig und die Texte deprimierend. Ich finde englischsprachige Popmusik viel besser. Sie hat mehr Rhythmus und Schwung.

5 💡 Suchen Sie sich eine Musikrichtung aus und beschreiben Sie sie. Es kann ein Stil sein, der Ihnen gefällt oder auch nicht. Warum gefällt Ihnen die Musikrichtung, warum nicht? Benutzen Sie das Arbeitsblatt.

Schlüsselausdrücke

Different types of music

… sagt mir nichts/viel, denn …

… ist mir unverständlich.

… finde ich mittelmäßig.

Das mag sein, aber …

Das stimmt auf keinen Fall.

Das finde ich aber nicht.

Da muss ich dir aber widersprechen.

Dieser Stil gefällt mir (nicht), weil er …

…, weil er mich aufmuntert, wenn ich traurig bin/weil er mich beruhigt, wenn ich gestresst bin.

Klassische Musik/zeitgenössische Musik höre ich (besonders) gern/ nicht so gern.

Musik, die mir gefällt

Vokabeln

herunterladen *to download*

die Sammlung *collection*

der CD-Rohling *rewritable CD*

Platz sparend *space-saving*

passen *to fit*

zum Nachdenken anregen *to make one think*

den Überblick verlieren *to lose track*

weiterhin *to carry on*

sich etwas zulegen *to get oneself sth.*

1 Was verbinden Sie mit dem Begriff ‚Musik'? Machen Sie ein Assoziationsdiagramm und vergleichen Sie in der Klasse.

Unterhaltung

Musik

2 a Lesen Sie die Kommentare dieser Jugendlichen und beantworten Sie die Fragen auf Deutsch.

Markus sagt:

Ich finde „Wir sind Helden" ganz toll. Sie schreiben witzige Texte, die auch zum Nachdenken anregen. Ihre rockige Musik macht mir immer gute Laune. Ich habe mir gerade ihr neuestes Album gekauft, weil ich weiß, dass mir die meisten Songs darauf gefallen werden. CDs sind zwar teuer, aber ich finde es einfach schön so eine CD in der Hand zu halten und in mein Regal zu stellen. Da weiß man, was man hat. Bei meinem MP3-Player verliere ich oft den Überblick, was ich so drauf habe. Ich werde mir auch weiterhin CDs zulegen.

Olaf sagt:

Ich höre alle möglichen Arten von Musik, deshalb finde ich es toll, dass man Musik vom Internet herunterladen kann. Es wäre für mich unmöglich, alle CDs mit den Liedern zu kaufen, die ich gern mag. Oft mag ich nur ein Lied von einem Album. Das wäre viel zu teuer. So habe ich auf meinem I-Pod eine tolle Sammlung meiner Lieblingslieder. Da kann ich Rockmusik mit Jazz und lateinamerikanischer Musik kombinieren. Und das alles für nur 99 Cent pro Song. Und dann kann ich mir das Ganze auch noch auf eine CD aufnehmen. Mit den neuesten CD-Rohlingen mit Überlänge kann ich stundenlang Musik hören. Dazu kommt noch, das es Platz sparend ist. Ich habe nicht so viele CDs herumstehen, weil so viel Musik auf eine CD passt.

i Warum findet Markus die Gruppe „Wir sind Helden" gut?

ii Was hat er sich vor Kurzem zugelegt?

iii Warum kauft er gern CDs?

iv Was für ein Problem hat er mit seinem MP3-Player?

v Weshalb findet Olaf es toll, dass man Musik herunterladen kann? Nennen Sie drei Gründe.

vi Warum findet er die CD-Rohlinge mit Überlänge so gut?

b 💡 Lesen Sie den Text noch einmal und machen Sie die Aufgabe online.

c Partnerarbeit. Diskutieren Sie zu zweit: Was ist besser: CDs, I-Pod oder Herunterladen?

3 a 💡🎧 Hören Sie sich die Interviews an und schreiben Sie die Fragen auf, die der Interviewer stellt. Formulieren Sie noch eigene dazu. Benutzen Sie diese, um ein Interview mit Ihrer Partnerin/ Ihrem Partner zu führen.

b 🎧 Bernd, Jan, Anna und Andrea – hören Sie noch einmal zu. Was können Sie über die vier Personen sagen? Machen Sie sich Notizen zu den Personen und beschreiben Sie sie kurz. Was denken Sie, welche Eigenschaften haben sie?

c 💡🎧 Hören Sie noch einmal zu und machen Sie die Aufgaben online.

4 a 💡✎ Arbeiten Sie mit einer Partnerin/einem Partner zusammen. Befragen Sie sich gegenseitig:

i Welche Musik hörst du am liebsten?

ii Lieblingssänger/sängerinnen/bands?

iii Lieblings-CDs?

iv Warum hörst du diese Musik so gern?

v Warum magst du gerade diese Sänger/diese CD?

b 💡 Suchen Sie sich unter den folgenden deutschen Komponisten, Gruppen, Sängern und Sängerinnen einen aus. Sammeln Sie soviel Informationen wie möglich über die Musik und die Personen, und halten Sie dann einen kleinen Vortrag (1–2 Minuten) auf Deutsch. Benutzen Sie das Arbeitsblatt.

> Wir sind Helden   Juli   Silbermond   Rammstein   Fettes Brot
> Xavier Naidoo   Beethoven

5 💡 Sie werden für die nächsten zehn Jahre auf eine einsame Insel verbannt, aber Sie dürfen sich acht Musikstücke aussuchen, die auf Ihren I-Pod heruntergeladen werden.

• Welche Lieder wählen Sie und warum?

• Erzählen Sie Ihre Lebensgeschichte mit Hilfe der Lieder. Benutzen Sie das Arbeitsblatt.

✎ Strategie

Summarise a listening passage in English

1 Get a sense of the passage as a whole.

2 Identify the key points.

3 Add short information for each key point.

💡 Grammatik

Use modal verbs

Modal verbs are *können, müssen, dürfen, wollen, sollen, mögen*.

These verbs are usually used with an infinitive, which goes to the end of the sentence.

Ich **muss** jeden Tag Klavier **üben**.

Ich **kann** Gitarre **spielen**.

Darfst du nicht zum Konzert **mitkommen**?

Wir **wollen** gern die neue DVD von „Wir sind Helden" **hören**.

Ihr **sollt** nicht so laut **spielen**!

C Macht der Musik

Vokabeln

der Amoklauf(¨e) *to run amok*
ehemalig *former*
der Täter(-) *perpetrator*
erschossen *shot*
die Schuld geben *to blame sb/sth*
zur Tat treiben *to drive to action*
maskiert *masked*
wie Lauffeuer *like wildfire*
gewaltverherrlichend *glorifying violence*
gewalttätig *violent*
der Auslöser(-) *trigger*
beitragen zu *contribute to*
die Gleichaltrigen (pl.) *people of the same age*
in dieser Hinsicht *in this respect*

1 Wählen Sie fünf Aussagen, mit denen Sie besonders übereinstimmen. Vergleichen Sie sie mit einer Partnerin/einem Partner. Erklären Sie mit Hilfe von Beispielen, warum Sie gerade diese Aussagen gewählt haben.

- Musik beeinflusst, wie Jugendliche sich anziehen. *Beispiel:* Ich liebe … , deshalb trage ich dieselbe Kleidung wie …
- Musik entspannt.
- Musik in Kaufhäusern und Geschäften beeinflusst unser Kaufverhalten.
- Musik wie Heavy Metal macht aggressiv.
- Musik ist inspirierend.
- Bestimmte Musik kann Gewalt auslösen.
- Klassische Musik beruhigt.
- Man bekommt gute Laune beim Musik hören.
- Liedertexte drücken Dinge aus, die man selbst nicht in Worte fassen kann.
- Musik kann einen deprimieren.
- Musik kann einen melancholisch stimmen.
- Raptexte machen unsere Jugendlichen gewalttätig.
- Die Art wie Jugendliche heutzutage Musik hören, schädigt das Gehör.
- Musik bringt Menschen verschiedener Kulturen zusammen.

2 a 💡 Lesen Sie die Meinung der 18-jährigen Angelika zu diesem Thema und machen Sie die Aufgaben online.

Musik – ein Auslöser für Gewalt

Durch den Amoklauf des ehemaligen Schülers Robert Steinhäuser im Erfurter Gutenberg-Gymnasium gab es viele Diskussionen über das mögliche Motiv des jugendlichen Täters. Er hatte 16 Schüler und am Schluss sich selbst erschossen. Manche gaben den Eltern und manche gar den Medien, wie Action- und Gewaltfilmen und Computerspielen, die Schuld.

Aber auch die Musik, die Robert gehört haben soll, kann ihn zu der Tat getrieben haben. „Slipknot" war eine der Gruppen. Die sieben, immer maskierten, Musiker aus Iowa/USA spielen Heavy-Metal.

Die Band ging durch die Presse wie Lauffeuer und jeder war geschockt über diese „Gestalten mit den Masken", die „gar keine Menschen mehr sind".

Bei den bis jetzt vorgekommenen Amokläufen, wie auch in den USA, haben die Täter ,gewaltverherrlichende' Musik gehört.

Ich denke aber, es ist nicht die Musik an sich, die das Problem ist. Es hängt davon ab, was man selbst mit der Musik macht. Es gibt leider immer noch viele Leute, die denken, dass sie das, was in den Liedern gesagt wird, auch

machen müssen. Sie seien dann cool und gehören dazu. Viele Leute denken auch, dass Menschen, die Heavy-Metal hören, gewalttätig sind. In erster Linie ist der Auslöser für solche Taten die Psyche eines Menschen. Viele verschiedene Faktoren tragen dazu bei, wie zum Beispiel eine schwierige Kindheit, Probleme mit Gleichaltrigen oder Menschen überhaupt, aber auch möglicher Stress in der Schule. Es gibt Millionen Leute jeder Altersstufe, die Heavy-Metal hören. Wenn das so wäre, dann wäre auf jeden Fall schon mehr in dieser Hinsicht passiert.

b Fassen Sie den Text kurz auf Englisch zusammen. Gehen Sie auf die folgenden Punkte ein:

- What happened? • Who or what could be at fault?
- What is Angelika's opinion?

c Was ist Ihre Meinung: Kann Musik einen dazu bringen, eine solche Tat zu begehen? Sammeln Sie Informationen und diskutieren Sie dann in der Klasse.

3 a Lesen Sie den Bericht über ein Musikfestival und beantworten Sie Fragen auf Deutsch.

Der Zauber des Musikfestivals

Ich war letztes Wochenende mit ein paar Freunden auf dem Kaltenbach Open Air Festival und war begeistert. Ein Heavy Metal Festival inmitten schönster Natur, wo sich normalerweise nur Einheimische, Skifahrer oder Wanderer hinbegeben. Die Liste der nationalen und internationalen Bands war beeindruckend und die Stimmung fantastisch. Morgens wurden wir in unserem Zelt vom Rauschen des Baches und Vogelgezwitscher geweckt. Die Zeit verging superschnell. Zum Schluss feierten wir noch bis Sonnenaufgang mit den anderen Besuchern, bevor wir wieder nach Hause fuhren und Ruhe wieder in Wald und Wiesen einkehrte. Es war ein gelungenes Wochenende und ich kann das Festival nur empfehlen.

i Was für ein Festival war es?

ii Wo fand das Festival statt?

iii Was waren die Pluspunkte dieses Festivals?

iv Würden Sie selbst zu diesen Festival gehen? Warum/warum nicht?

v Waren Sie selbst schon auf irgendwelchen Musikfestivals?

b Weshalb würden Sie auf ein Festival gehen? Wählen Sie die Gründe und vergleichen Sie sie mit einer Partnerin/einem Partner.

i Ich finde die Musik gut.

ii Ich will die frische Luft genießen.

iii Ich schließe gerne neue Bekanntschaften.

iv Zelten ist immer super!

v Ich liebe die Stimmung auf den Festivals.

vi Ich kann viele verschiedene Bands günstig sehen.

c Schreiben Sie einen kurzen Bericht über einen Musikfestival, den Sie selbst besucht haben.

4 a 🔲🎧 Hören Sie sich die Beiträge zu dem Thema „Musik macht fit und schlau" an. Wie kann uns Musik in unserem Leben helfen? Nennen Sie mindestens vier Punkte und gehen Sie näher auf sie ein!

b 🔲 Machen Sie die Aufgabe online. Richtig, falsch oder nicht im Text?

5 🔲🔧 Partnerarbeit. Diskutieren Sie zu zweit: Welche Wirkung hat Musik auf Sie? Wie beeinflusst Sie Musik? Welche Musik hat welche Wirkung?

6 🔲 Kann Musik einen schlechten Einfluss auf uns haben? Schreiben Sie an eine Jugendzeitschrift, in dem Sie Ihre Meinung vertreten.

🔍 Strategie

Paraphrase words and passages

Paraphrasing is a useful skill when answering various types of questions or giving an account of a text you have read.

1 Look up any unknown vocabulary.

2 Set the **text aside**, then think of the main ideas this passage wants to communicate and write them down.

3 Find **synonyms** for words, which you can then use in your paraphrase.

4 Find definitions of words.

💡 Grammatik

Use possessive adjectives

■ Possessive adjectives are words that show possession, like 'my' and 'your' in English. They are usually followed by a noun (*mein Buch*, *meine CD*) and used in all cases, and they are declined like *ein*.

ich	mein (*my*)
du	dein (*your*)
er	sein (*his*)
sie	ihr (*her*)
es	sein (*its*)
wir	unser (*our*)
ihr	euer (*your, pl.*)
sie	ihr (*their*)
Sie	Ihr (*your, formal*)

Schlüsselausdrücke

The influence of music

Ein melancholischer/trauriger Text macht mich traurig/nachdenklich/ kann mich motivieren.

Das Festival fand in (wo) statt.

ein zwei-/dreitägiges Musikfestival

unter freiem Himmel/am Stadtrand stattfinden

eine geniale/großartige Stimmung

absolut hingerissen/begeistert

Now you should be able to:

- Understand and use the vocabulary for different types of music
- Understand and give short descriptions and opinions of different types of music
- Explore different eras and trends in music
- Understand the language of praise and criticism of artists
- Explore trends in technology surrounding music
- Understand and explore the meaning of a song
- Express personal opinions and reactions to music
- Talk about some German artists
- Understand and express the effect music has on people and explore the extent to which music is part of everyday life
- Explore people's reactions towards music festivals

Grammar
- Compare adjectives
- Use modal verbs
- Use possessive adjectives

Skills
- Express your opinion
- Summarise a listening passage in English
- Paraphrase words and passages

Testen Sie sich!

1 Beenden Sie den Satz.

Die Renaissance war ein Zeitalter, ...

2 Geben Sie eine gute englische Übersetzung für den folgenden deutschen Satz.

Diese so genannten ‚Schlager' wurden auf deutsch gesungen, waren leicht mitzusingen und wurden oft zu Ohrwürmern.

3 Geben Sie eine gute deutsche Übersetzung für die folgenden englischen Ausdrücke.

a I prefer ...

b In general ...

c I don't want to commit myself.

4 Füllen Sie die Lücken mit der Komparativ- und Superlativform des Adjektivs aus.

a Popmusik ist ganz **gut**, aber ich finde Hip-Hop ist .... finde ich Indie Rock.

b Ich spiele schon **lange** Klavier. Peter spielt ...... als ich, aber Angelika spielt ihr Instrument ....

5 Worum handelt es sich bei der folgenden Definition?

Es ist eine speziell beschichtete CD, die von einem CD-Brenner beschrieben werden kann.

6 Übersetzen Sie den Satz ins Deutsche.

You don't have to turn up your music so loud.

7 Füllen Sie die Lücken mit dem passenden Modalverb in der richtigen Form aus.

Leider ...... ich nicht mit dir auf das Konzert kommen, denn ich ...... zu meiner Klavierstunde gehen. Ich ...... nicht zu spät kommen.

8 Warum sollte man ein Instrument spielen? Geben Sie einen Grund an.

9 Was sind die negativen Aspekte eines Musikfestivals?

10 Füllen Sie die Lücken mit Possessivpronomen mit den richtigen Endungen aus.

Das ist ..... neues Klavier. ...... Eltern haben es mir zu ...... Geburtstag geschenkt. Hast du ...... Noten mitgebracht, damit wir üben können?

AQA Examiner's tips

Listening
Remember that in both the Listening and Reading sections the questions are based on the text in **chronological sequence**. In other words, if you've found the answer to questions 1 and 3, the answer to question 2 should be somewhere in between.

Speaking
The last question in the speaking test is usually quite broad and invites your opinion. Use this question to steer the discussion into a direction where you are comfortable to give your opinions.

Reading
If you can't quickly find the answer to a question, move on and come back to that question if there's time at the end.

Writing
Avoid writing overly long sentences where you may lose control of structure and word order.

Die Kultur unserer Zeit

6 Mode

By the end of this chapter you will be able to:

	Areas of study	Grammar	Skills
A **Kleider machen Leute**	■ Understand and express the vocabulary for complex types of clothing ■ Understand and give short descriptions and opinions about types of clothes ■ Explore how clothes have an effect on your image	■ Understand word order	■ Take notes and answer questions in German when listening
B **Lifestyle und Trends**	■ Understand and describe trends and lifestyle ■ Talk about your own favourite trend items and lifestyle activities	■ Form questions in German	■ Skim a reading text for gist
C **Schönheitsideale**	■ Explore definitions and ideas about what is beautiful ■ Discuss the cult of the supermodel ■ Explore your own ideas about beauty	■ Use the nominative, accusative and the dative	■ Answer written questions in German

Wussten Sie schon?

■ Die weltgrößte Modemesse findet in Düsseldorf statt.

■ Die weltgrößte Sportartikelmesse findet in München statt.

■ Angeblich besaß der Nobelpreisträger Albert Einstein nur 10 gleiche schwarze Anzüge, weil er die tägliche Suche nach einem passenden Kleidungsstück für Zeitverschwendung hielt.

■ Berühmte deutsche Modedesigner sind Karl Lagerfeld, Jil Sander, Hugo Boss, Wolfgang Joop.

■ Levi Strauss, der Erfinder der Jeans, kam aus Deutschland.

■ 25% aller Frauen kaufen sich ganz bewusst neue Kleidung, um Frust und Ärger zu vertreiben.

Zum Aufwärmen

Lesen Sie die folgenden Aussagen und äußern Sie Ihre Meinung. Diskutieren Sie zu zweit.

1 Nicht was schön ist, ist Mode, sondern was Mode ist, ist schön.

2 Die Schönheit brauchen wir Frauen, damit die Männer uns lieben, die Dummheit, damit wir die Männer lieben. (Coco Chanel)

3 Wer schön sein will, muss leiden!

4 Was man anzieht bestimmt, wie man sich fühlt.

5 Wahre Schönheit kommt von innen.

6 Der Mode entkommt man nicht. Denn auch wenn Mode aus der Mode kommt, ist das schon wieder Mode. (Karl Lagerfeld)

7 Eleganz heißt nicht, ins Auge zu fallen, sondern im Gedächtnis zu bleiben. (Giorgio Armani)

8 Wer sich nicht schön fühlt, wirkt auch auf andere selten schön.

9 Wer schön ist, ist auch gut.

10 Schönheit beginnt im Kopf.

Vokabeln

die Konkurrenz(en) *competition*

schlechte Karten haben *to have a bad deal*

das Vorstellungsgespräch(e) *the job interview*

der erste Eindruck *the first impression*

das Gegenüber(-) *person opposite to you*

begutachten *to examine*

bewerten *to judge*

einen Einfluss haben auf *to have influence on*

herausstreichen *to lay great stress upon*

unscheinbar *inconspicuous (unattractive)*

schlampig *sloppy*

zippeln *to pull*

das Unternehmen(-) *company*

grenzenlos *boundless*

das Gespür(-) *feeling*

jeweilig *respective*

sich wohlfühlen *to feel well*

zwicken *to pinch*

kneifen *to be too tight*

Schlüsselausdrücke

Fashion

konservative/modische/sportliche/fetzige/Hip-Hop Kleidung

Am liebsten trage ich Klamotten, in denen ich mich wohlfühle.

mit der Mode gehen/jeden Trend mitmachen

sich im Stil der ....ziger Jahre kleiden

Das tragen doch alle.

seinen eigenen Stil haben

sich lässig kleiden

---

1 Machen Sie die Aufgabe online. Ordnen Sie jedem Bild die richtigen Vokabeln zu.

2 a Lesen Sie den Text und diskutieren Sie in der Klasse: Warum ist Imageberatung heutzutage so wichtig? Wie können wir unser Image durch Kleidung verändern?

Imageberatung – der erste Eindruck zählt!

In unserer globalen Welt ist die Konkurrenz groß. Die Arbeit am eigenen Image wird immer wichtiger. Wer sich selbst schlecht verkauft, hat schlechtere Karten im Spiel um Karriere und Zukunftsplanung.

Viele Leute sind Spezialisten in ihrem Beruf, aber sie wissen nicht, wie man sich kleidet, um den Job zu bekommen, den sie gerne wollen. Es ist nun mal so, dass bei einem Vorstellungsgespräch der erste Eindruck zählt. In den ersten drei bis sieben Sekunden wird das Gegenüber begutachtet und erstmals bewertet.

Auch im Privatleben spielt dies eine Rolle. Ob wir auf einer Party jemanden ansprechen, den wir nicht kennen, hängt ebenfalls vom Äußeren ab. Gefällt uns das Aussehen und die Kleidung, dann wollen wir die Person kennen lernen. Wenn nicht, ignorieren wir diese Person oft. Und anderen geht es mit uns genauso.

Bei der Auswahl von Kleidung sollte man folgende Punkte beachten:

Die Auswahl der Farbe: Farben können unsere Persönlichkeit perfekt zum Ausdruck bringen und unsere Schönheit mehr herausstreichen, oder sie können uns unscheinbar und krank aussehen lassen. Man sollte also wissen, welche Farben einem stehen. Wer seine Farben kennt braucht weniger Kleider und kann besser kombinieren.

Den Dresscode: Bestimmte Kleidung passt zu bestimmten Situationen. Es ist klar, dass man zum Tennis spielen keinen Anzug anzieht. Aber kluge Leute laufen auch in der Öffentlichkeit niemals schlampig rum, tragen zum dunklen Anzug keine weißen Socken oder zippeln den ganzen Tag am Rock rum, weil er doch ein bisschen kurz ist. Die Kleidung, die man für ein Vorstellungsgespräch wählt, sollte zum Stil des Unternehmens passen. Die globalisierte Arbeitswelt verlangt ein grenzenloses Gespür für Kleidung. Man sollte sich bei einer Stellenbewerbung im Ausland über den jeweiligen Dresscode informieren.

Die Kleidung selbst: Egal, ob man zum ersten Date oder zu einem Jobinterview geht, man sollte darauf achten, dass die Kleidung sauber ist. Auch wenn man einen Anzug oder ein Kostüm wählt, sollt man sich darin wohlfühlen. Neue Kleidung sollte man wenigstens einmal tragen, bevor man sie zu einem wichtigen Ereignis anzieht, um sicher zu gehen, dass nichts zwickt oder kneift.

Zeigen Sie durch Ihre Kleidung, wer Sie sind und was Sie können. Es lohnt sich!

b Lesen Sie den Text noch einmal und machen Sie die Aufgaben online.

3 a 🎧 Vier Jugendliche sprechen über ihre Kleidungsstile. Hören Sie zu und machen Sie sich auf Deutsch Notizen zu den Fragen. Vergleichen Sie dann Ihre Antworten in der Klasse.

i   Welcher Kleidungsstil gefällt Ihnen am besten? Warum?

ii   Welche Begründungen finden Sie am besten?

iii   Würden Sie selbst Ihre Sachen auch auf dem Flohmarkt oder im Secondhandladen kaufen? Warum/Warum nicht?

iv   Wenn Sie genug Geld hätten, würden Sie sich regelmäßig Designerkleidung kaufen?

b 💡🎧 Hören Sie noch einmal zu und machen Sie die Aufgaben online.

4 a 💡 Beschreiben Sie eine der Personen in Übung 3 und Ihre Partnerin/Ihr Partner muss raten, wer es ist.

b Diskutieren Sie mit Ihrer Partnerin/Ihrem Partner:

* Wie finden Sie die Kleidung?

* Wann würden Sie welche Kleidung tragen?

* Welche Kleidung tragen Sie am liebsten? Warum?

c 💡 Benutzen Sie die Umfrage vom Arbeitsblatt und befragen Sie sich gegenseitig. Was für ein Modetyp sind Sie?

5 💡 Beantworten Sie diese E-Mail und schreiben Sie Ihre Meinung zu Markenkleidung. Benutzen Sie die Fragen auf dem Arbeitsblatt.

Hi!

Wie geht's dir? Hab lange nichts von dir gehört. Bei mir ist alles soweit ok, aber ich hatte neulich einen Riesenstreit mit meinen Eltern. Sie finden, ich gebe zu viel Geld für meine Kleidung aus, aber ich finde es lohnt sich, etwas mehr auszugeben, weil die Qualität so viel besser ist. Am Wochenende habe ich mir ein neues Paar Turnschuhe von Adidas gekauft. Erstens sehen sie natürlich gut aus, aber außerdem sind sie superbequem. Ich trage sie jeden Tag und kriege keine Blasen. Bei den No-Name Schuhen, die meine Mutter mir vor einiger Zeit gekauft hat, tun mir immer hinterher die Füße weh und dann reißen die Ösen für die Schnürsenkel ganz schnell. Meine alten Adidas-Schuhe haben jahrelang gehalten. Klar, Adidas ist teuer. 100 Euro musste ich dafür blechen. Netterweise hat mir meine Oma was dazugegeben. Was meinst du dazu? Wie ist das bei dir zu Hause?

Was machst du überhaupt? Gibt's bei dir was Neues? Melde dich mal!

Liebe Grüße, Anika

🔍 **Strategie**

Take notes and answer questions in German when listening

1   Before listening, read the questions to the audio text carefully. The questions will give you clues to what to listen for.

2   Listen once to the whole passage to get a feel for it. Don't worry if you don't understand everything.

3   Listen to the passage again and try to identify which bits of the passage are important.

4   Next, start, stop and rewind to get information for each question.

5   If you have difficulty with a particular sentence, try to write it down word for word, and see whether you can then make sense of it.

6   Make short notes while listening.

💡 **Grammatik**

Understand word order

■ The most important rule of German word order is that in main clauses the verb is always in **second** position:
Ich besuche meine Freunde.

■ If expressions of time, manner and/or place occur next to each other, they must be placed in the order: **time, manner, place.**
Ich besuche **nächstes Jahr** meine Freunde **in Deutschland**.
Nächstes Jahr besuche ich meine Freunde **in Deutschland**.

■ Coordinating conjunctions link two main clauses, without affecting the word order in any way. The most common coordinating conjunctions are *und, aber, oder, sondern, denn*.

Vokabeln

der Klimawandel(-) *climate change*

retten *to save*

chemisch behandelt *chemically treated*

zunehmen *to increase*

die Arbeitsbedingungen *working conditions*

herstellen *to produce*

der Kunstdünger(-) *artificial fertilizer*

der Hanf(-) *hemp*

die Brennessel(n) *nettle*

zwingen (gezwungen) *to force*

gerecht *just, fair*

der Lohn("e) *wage*

entwerfen *to design*

sich weigern *to refuse*

lächeln *to smile*

vorbildlich *exemplary*

der Laufsteg(e) *catwalk*

schwärmen *to enthuse*

gründen *to found, to start up*

der/die Modebewusste(n) *fashion victim*

das Verhalten(-) *behaviour*

verachten *to despise*

bewundern *to admire*

---

1 Klassendiskussion: Was sind die neuesten Trends? Was ist ‚in'? Was ist ‚out'? Sehen Sie sich die Wörter unten an und füllen Sie eine Tabelle aus. Fällt Ihnen noch mehr ein?

Trends	‚in'	‚out'
Fahrrad fahren	Miniröcke	ein Schnurrbart

> enge Jeans   Latzhosen   Hosenträger   Handtaschen
> Kapuzenjacken   Bioprodukte   große Sonnenbrillen   I-Pods
> Öko-Mode   ins Fitnesscenter gehen   Kochen   Stricken
> Dekor-Fingernägel   Feng Shui   breite Gürtel

2 a Lesen Sie den Text und machen Sie sich Notizen zu den folgenden Fragen. Diskutieren Sie dann Ihre Antworten in der Klasse.

Ökomode ist der letzte Schrei

Der heißeste Trend nach Hurrikan Katrina ist grün. Jetzt denken auch die Amerikaner, dass am Klimawandel etwas dran ist. Plötzlich ist es cool, den Planeten zu retten. Allergien gegen chemisch behandelte Textilien nehmen zu. Stoffe und Kleidung, die umweltfreundlich und unter fairen Arbeitsbedingungen hergestellt werden, sind gefragt.

In der Ökomode wird nur Baumwolle aus kontrolliert ökologischem Anbau benutzt, das heißt Baumwolle, die ohne Pestizide und Kunstdünger angebaut wird. Außerdem werden Materialien wie Hanf, Brennesseln und Algen verwendet. Gefärbt wird mit natürlichen Stoffen ohne Chemiebad. Hergestellt wird zwar in Billigländern, aber es wird darauf geachtet, dass keine Kinder zur Arbeit gezwungen werden und gerechte Löhne gezahlt werden.

Stella McCartney war die Erste in der Modewelt, nur hat es damals niemand so richtig verstanden. Als sie anfing, ihre eigenen Kleider zu entwerfen, weigerte sie sich, Pelz und Leder zu verarbeiten. Damals hat man über sie gelächelt. Heute gilt ihr mit Windenergie betriebene Geschäft in London als vorbildlich.

Längst wird Öko-Mode auf dem Laufsteg präsentiert. Internationale Designer wie Armani arbeiten bei Ökolabels mit. Nicht nur Sienna Miller schwärmt für fair produzierte Sandalen aus Jute, auch Prominente wie Christina Aquiliera und Julia Roberts kaufen Ökokleidung und Biokosmetik. U2-Sänger Bono hat zwei Biomarken gegründet. Sein Motto ist: „Es ist sexy, die Welt verändern zu wollen." ‚Green Glamour' ist ‚in' und ein absolutes Muss für Modebewusste.

Das heißt aber nicht, dass man nur noch Birkenstock-Schuhe und Leinenkleider tragen muss. Ökomode ist schick und liegt voll im Trend. Man braucht sich nur die Kollektion von Stella McCartney anzusehen. Grün muss aber nicht teuer sein: inzwischen ist die Mode auch bei H&M und beim Otto-Versand preiswert zu haben.

In Deutschland bemüht man sich schon lange um umweltbewusstes Verhalten auf allen Ebenen. Naturgefärbte Wolle, Gesundheitssandalen, Naturkosmetik, Bioläden gibt es seit Jahren. Neu ist allerdings, dass man nicht mehr als Müsli-essender Ökohippie verachtet wird, sondern als moderner Trendsetter bewundert wird.

i   Was ist Ökomode?

ii   Warum ist Ökomode gut?

iii   Kennen Sie Ökomode?

iv   Würden Sie Ökomode anziehen? Warum/Warum nicht?

b 💡 Lesen Sie den Text noch einmal und machen Sie die Aufgaben online.

3 a 💡🎧 Hören Sie sich den Text „Lifestyle-Ideen für Jugendliche" an und machen Sie die Aufgaben online.

b 🎧 Hören sie noch einmal zu und beantworten Sie die Fragen auf Deutsch.

i Was gehört zum neuen Lebensstil der Hollywoodstars?

ii Welche berühmten Persönlichkeiten machen Yoga?

iii Warum sind Jugendliche gestresst?

iv Was wird beim Yoga gedehnt?

v Aus welchem Land kommt Feng Shui?

vi Wofür ist Feng Shui gut?

vii Wie sollte das Bett stehen?

viii Warum ist die Haut das wichtigste Organ?

ix Was ist gut an natürlichen Schönheitsmitteln?

x Wobei helfen Erdbeeren?

4 💡 Entwerfen Sie einen Fragebogen über Trendverhalten. Das Arbeitsblatt kann Ihnen dabei helfen. Machen Sie dann eine Umfrage in der Klasse. Was sind Ihre Ergebnisse?

5 💡 Schreiben Sie einen Blog, in dem Sie Ihren Lieblingsgegenstand oder Ihre Lieblingsaktivität beschreiben, erklären und empfehlen. Es kann ein Kleidungstück, Naturkosmetik, etwas Technisches oder eine Beschäftigung sein. Benutzen Sie das Arbeitsblatt.

💡 Grammatik

Form questions in German

There are two ways to form questions in German.

■ For questions which require a simple answer, you put the verb at the beginning of the sentence:
Trägst du gern Jeans? *Do you like wearing Jeans?*

■ For questions which require more information and which need to be more specific, you should use the following question words at the beginning of the sentence, which are then followed by the verb.
wer *who*   was *what*
was für *(+ noun) what kind of (+ noun)*   warum *why*
wann *when*   welcher/e/es *(+ noun) which (+ noun)*
wie *how*   wie lange *how long*   wie viel *how much*
wie viele *how many*   wo *where*   wohin *where to*
woher *where from*
Wo kann ich das T-Shirt kaufen? *Where can I buy the T-Shirt?*

Schlüsselausdrücke

My favourite things

Mein Lieblingsgegenstand ist ..., weil das ein Geschenk von ... (+ *dative*) ist.

Ich habe ihn/sie/es geschenkt/bekommen von ... (+ *dative*).

Das ist mein Glücksbringer.

... gehört einfach zu mir.

... erinnert mich an eine schöne Zeit.

Meine Lieblingsaktivität ist eindeutig ...

Das macht mir riesigen Spaß.

Ich bin unheimlich interessiert an ... (+ *dative*)

Das finde ich absolut faszinierend.

Das ist so was von aufregend.

Das kann ich echt empfehlen.

🔄 Strategie

Skim a reading text for gist

1 Read a passage to get a general idea of what it is about, not worrying about understanding it completely or every specific idea.

2 Take note of headlines, paragraphs, illustrations, subheadings. What can you conclude from them?

3 Look for key or topic sentences. Usually you find one key sentence per paragraph that summarises what is being said.

4 Try to establish key vocabulary and look up only the words you don't know.

5 Compress what you have read into a summary of only 20 words.

Vokabeln

der Stecken(-) *stick*

erhalten *to keep up*

erfolgreich *successful*

mager *skinny*

die Rippen (pl) *ribs*

mit bloßem Auge *with the naked eye*

üblich *normal, customary*

die Magersüchtige *the anorexic*

einsam *lonely*

hübsch *pretty*

ansprechen *to speak to, to approach*

Schlüsselausdrücke

Beauty

innere/äußere Schönheit

Pickel haben/eine makellose Haut haben

schlank sein/körperlich fit sein

zufrieden sein mit seinem Aussehen/ sich in seinem Körper wohlfühlen

übergewichtig sein

die Nulldiät/der Jo-Jo-Effekt/sich den Magen verkleinern lassen

gesundes Abnehmen/eine ausgewogene Ernährung

sich gesund ernähren

viel Bewegung/Sport treiben

Ich halte nichts von Schönheitsoperationen – ausgenommen bei Unfällen.

eine Traumfigur haben wollen: einen straffen Bauch, einen knackigen Po/einen größeren Busen

jünger aussehen wollen: Facelifting/Fettabsaugen/ Faltenunterspritzung

Humor/Intelligenz/Charme/ Ausstrahlung/Selbstbewusstsein haben

---

1 Lesen Sie die folgenden Ergebnisse einer Umfrage. Was finden Sie persönlich an einem Jungen/einem Mädchen hässlich? Machen Sie eine Liste und vergleichen Sie diese mit Ihrer Partnerin/Ihrem Partner. Welche Eigenschaften werden am meisten genannt?

Was ist wirklich hässlich?

Eine Umfrage unter deutschen Jugendlichen zu diesem Thema hat Folgendes ergeben.

zu viel Haut zeigen	vulgär sein	unhöflich sein
zu viel Make-up	künstliche Bräune	intolerant sein
ungepflegtes Äußeres	rauchen	unpünktlich sein
schlampige Klamotten	Fingernägel kauen	Jogginganzüge tragen
zu viel Parfüm	besserwisserisch sein	Tätowierungen
abgeblätterter Nagellack	zickig sein	Goldketten am Hals oder am Fußgelenk
zu lange Fingernägel	cool sein	Piercings
	arrogant sein	

2 a Lesen Sie die Texte und sammeln Sie Argumente für und gegen das Aussehen von Supermodels. Wem stimmen Sie zu?

Wie findet ihr die Supermodels?

Klara, 19, Studentin, Hannover
Mir sind ‚normal' gebaute Menschen am liebsten, bei denen man sieht, dass sie sich in ihrer Haut wohlfühlen. Diese Stecken auf dem Laufstegen finde ich nicht wirklich gutaussehend, die erhalten sich ihre Figur nur durch Drogen.

Anna, 16, Schülerin, Düsseldorf
Die wirklich erfolgreichen Supermodels haben genau so eine Figur wie ich sie mir wünsche. Bei denen sieht einfach alles gut aus.

Peter, 24, Azubi, Bremen
Meiner Meinung nach sollte man alle diese Magermodels abschaffen. Es ist doch nicht schön, wenn eine Frau so dünn ist, dass man ihre Rippen unter ihren Kleidern mit dem bloßen Auge zählen kann und sie so leicht wie eine Feder ist. Ich finde es viel schöner, wenn eine Frau da Rundungen hat, wo es üblich ist. Und die meisten Männer, die ich kenne, denken genauso. Diese Magersüchtigen finden nur wenige Männer attraktiv.

Angelika, 20, Bankkauffrau, Lüneburg
Ich habe alles andere als eine Idealfigur, aber ich fühle mich weder hässlich noch ausgeschlossen. Ich habe einen Freund, der mich toll findet, und werde auch regelmäßig von gutaussehenden Männern angesprochen.

Jan, 17, Schüler, Hamburg
Also, bei mir kommt es nicht in erster Linie auf das Aussehen an. Wenn ein Supermodel vor mir steht und sie arrogant und dumm ist, dann finde ich sie auch nicht attraktiv. Wenn aber jemand sympathisch und nett ist, dann sieht man über eine krumme Nase und ein paar Kilo zu viel hinweg.

Michaela, 18, Schülerin, Göttingen
Supermodels sind halt Supermodels, weil sie Glück gehabt haben. Sie sind einfach in einen tollen, perfekten Körper hineingeboren worden. Ich könnte noch so sehr hungern, mich pflegen und Schönheitsoperationen über mich ergehen lassen, wie ein Supermodel würde ich trotzdem nie aussehen. Da kann man nichts machen. Das ist ja auch ok. Ich denke, diese Supermodels sind ziemlich einsam. Wenn man superhübsch ist, trauen sich die meisten nicht, einen anzusprechen. Man hat mehr Spaß, wenn man normal aussieht und man muss sich nicht so viele Gedanken machen, wie man seine Schönheit erhält.

Dominique Blumberg, Forum Beruf, Karriere, Zukunft e.V. www.boyng.de

b 💡 Lesen Sie den Text noch einmal durch und machen Sie die Aufgaben online.

3 a 💡🎧 Hören Sie sich den Hörtext „Schönheitsideale" an und machen Sie sich Notizen. Fassen Sie ihn dann kurz auf Englisch zusammen. Gehen Sie auf die folgenden Punkte ein.

- Today's image of a beautiful woman
- How is it achieved (two options)
- What are designers looking for in their next generation of models?

b 💡 Machen Sie die Aufgaben online.

4 💡📐 Diskutieren Sie zu zweit. Benutzen Sie das Arbeitsblatt.

- Wen finden Sie schön und warum?
- Machen Sie eine Liste: Was finden Sie an Ihrem eigenen Aussehen gut?
- Wie weit würden Sie für Schönheit gehen, wenn Sie genügend Geld hätten? Würden Sie eine Schönheitsoperation machen lassen?
- Welche Diäten würden Sie ausprobieren? Warum/Warum nicht?

5 💡 Schönheit ist Geschmackssache! Schreiben Sie zu dieser Überschrift einen Artikel für eine Modezeitschrift. Das Arbeitsblatt kann Ihnen dabei helfen.

💡 Grammatik

Use the nominative, accusative and the dative

Ich kaufe meiner Tochter **ein T-Shirt.**

- ■ **The nominative case** is used to indicate the subject of the sentence. The subject is the person or thing 'doing' the action expressed by the verb.
- ■ **The accusative case** is used to indicate the direct object, the person or thing receiving the action. It is used for time expressions such as: *letzten Montag, nächsten Donnerstag, den ganzen Morgen*. It is also used after certain prepositions and verbs.
- ■ **The dative case** is used to indicate the indirect object, the person or thing the action is being done 'to' or 'for'. The dative case is also used after certain prepositions and verbs like *gefallen, helfen, es geht mir gut*.

📐 Strategie

Answer written questions in German

1 **Plan your answer.** Make notes on a separate piece of paper if possible.

2 Use **simple structures** you are familiar with. Avoid long, compound sentences.

3 Use the **questions for clues** as to how to answer. A question like „In welcher Stadt ist Karl Lagerfeld aufgewachsen?" tells you that *aufwachsen* takes *sein* as its auxiliary (*ist aufgewachsen*), and reminds you that the preposition used to describe no motion, *in*, takes the dative (*in welcher Stadt*).

Now you should be able to:

- ■ Understand and express the vocabulary for complex types of clothing
- ■ Understand and give short descriptions and opinions about types of clothes
- ■ Explore how clothes have an effect on your image

- ■ Understand and describe trends and lifestyle
- ■ Talk about your own favourite trend items and lifestyle activities

- ■ Explore definitions and ideas about what is beautiful
- ■ Discuss the cult of the supermodel
- ■ Explore your own ideas about beauty

Grammar

- ■ Understand word order
- ■ Form questions in German
- ■ Use the nominative, accusative and the dative

Skills

- ■ Take notes and answer questions in German when listening
- ■ Skim a reading text for gist
- ■ Answer written questions in German

Testen Sie sich!

1 Vervollständigen Sie den Satz.

In unserer globalen Welt ist die Konkurrenz groß, und wie wir uns kleiden wird immer wichtiger, wenn wir bessere Chancen _____ .

2 Füllen Sie die Lücken mit dem passenden Verb mit der richtigen Endung aus.

Vieles ...... ich in Secondhandläden oder auf dem Flohmarkt. Man ...... da tolle ausgefallene Sachen finden. Niemand ...... so aus wie ich. Ich ...... gerne anders als andere.

| können | kaufen | sein | sehen |

3 Übersetzen Sie den folgenden Satz.

Last weekend I went to Berlin with my mother, and we bought some lovely clothes.

4 Was ist Ökomode? Geben Sie eine Definition.

5 Welche Dinge haben bei Feng Shui eine bestimmte Bedeutung?

6 Schreiben Sie die passende Frage zu dem unterstrichenen Satzteil.

Ich finde den roten Mantel schöner.

7 Vervollständigen Sie den Satz.

Meiner Meinung nach sollte man alle diese Magermodels abschaffen. Es ist doch nicht schön, ...

8 Wie kann man den folgenden Ausdruck anders formulieren?

leicht wie eine Feder

9 Vervollständigen Sie den Satz.

Nach den superdünnen Models kommen jetzt Models, die ....

10 Füllen Sie die Lücken mit den passenden Endungen aus.

Am Freitag hat d...... Tante d...... Enkel ein...... neue Sportartikelmarke empfohlen.

AQA Examiner's tips

Listening

Become familiar with the use of *werden* to form both the future tense and the passive voice.

Speaking

Try to answer in **whole sentences** where possible, as you will get more marks for communication.

Reading

Check if there are any **images** in connection with the text that can give you clues. For example, if an unfamiliar word occurs in the text, and there's a picture of a rare animal in the margin, maybe the 'mystery word' is the name of that animal.

Writing

Remember that **the verb is the second element in a main clause** but that the clause might not begin with the subject.

Gesund leben

7 Sport und Fitness

By the end of this chapter you will be able to:

	Areas of study	Grammar	Skills
A **Sport für alle**	■ Understand and produce vocabulary to describe different sports ■ Compare different types of sport, especially traditional versus 'fun' sports ■ Discuss personal involvement in sport	■ Use modal verbs: simple past and imperfect subjunctive (conditional)	■ Give descriptions
B **Warum Sport?**	■ Describe and discuss the benefits of sport and exercise ■ Consider links between sport and other aspects of life, e.g. environmental protection	■ Use the infinitive with *zu*	■ Check for mistakes when using verbs
C **Vorbilder im Sport**	■ Discuss the impact of role models in sport: positive and negative effects ■ Describe and discuss the achievements of well-known sportswomen and sportsmen ■ Consider the successful involvement of disabled people in sport	■ Use subordinate clauses and subordinating conjunctions	■ Use synonyms and antonyms

Wussten Sie schon?

- Mehr als 27 Millionen Menschen in Deutschland sind Mitglieder eines Sportvereins. Das ist über ein Drittel der deutschen Bevölkerung.

- Fast 50% der deutschen Jugendlichen betreiben zwei- bis dreimal pro Woche Sport. Ein Drittel geht mindestens einmal pro Woche ins Fitnesszentrum, und ein Viertel joggt einmal pro Woche.

- In der Bundesrepublik ist Nordic Walking zu einer der beliebtesten Trendsportarten aufgestiegen.

- Der neueste Trend in Österreich ist Skifahren und Wellness – tagsüber auf der Piste, Glühwein beim Après-Ski und danach ab ins Wellness-Hotel.

- Viele halten Michael Schumacher für den größten Rennfahrer aller Zeiten. Die Zuschauer des Fernsehsenders ZDF wählten ihn im November 2004 zum ‚Sportler des Jahrhunderts'.

- Der Deutsche Olympische Sportbund hat Schach als Sportart anerkannt, das Internationale Olympische Komitee sogar Bridge.

Zum Aufwärmen

1 Was war die erste Sportart, die Sie als Kind betrieben haben?

2 Was ist Futsal?
- a ein großer Saal, wo man Sport treibt
- b eine Art Fußball
- c ein Fitnesszentrum

3 Bringen Sie diese Wörter in die richtige Reihenfolge.

bleiben fit Leute Sport treiben um viele zu

4 Was heißt ‚Wettkämpfe' auf Englisch?
- a competitions
- b no score draws
- c soggy pitches

5 Wer gehört nicht in dieser Liste?
- a Boris Becker
- b Michael Schumacher
- c Angela Merkel

A Sport für alle

1 Diskutieren Sie Folgendes mit einer Partnerin/einem Partner.

Für welche Sportarten …

- braucht man einen Ball?
- braucht man Wasser?

Welche Sportarten …

- sind Mannschaftssportarten?
- haben Sie schon einmal ausprobiert?
- möchten Sie später einmal versuchen?

2 a Lesen Sie die Texte und machen Sie die Aufgaben auf dem Arbeitsblatt.

Was ist Futsal?

Futsal ist der offizielle Hallenfußball des Weltverbandes FIFA. Der sogenannte ‚Futebol de Sala(o)' hat seinen Ursprung im südamerikanischen Raum, wo junge Männer in den dreißiger Jahren Fußball auf Basketballspielplätzen spielten.

Inzwischen wird Futsal in ca. 90 Ländern der Erde gespielt. Besonders beliebt ist die Spielform in Brasilien und Uruguay, sowie in mehreren europäischen Ländern. Die erste Futsal-Weltmeisterschaft fand 1989 in den Niederlanden statt und wurde von Brasilien gewonnen. In Deutschland steht die Entwicklung der Sportart Futsal noch eher am Anfang.

Eine Futsal-Mannschaft besteht aus einem Torwart und vier Feldspielern. Das Spiel besteht aus zwei Halbzeiten von jeweils 20 Minuten Dauer. Eck-, Frei- oder Torabstöße muss man innerhalb von vier Sekunden ausführen, um die Dynamik des Spiels zu fördern.

Auch für ältere Fußballspielerinnen/Fußballspieler ist Futsal eine gute Alternative, da das Verletzungsrisiko geringer ist.

Was ist Wakeboarden?

Wakeboarden ist eine Mischung aus Snowboarden und Wellenreiten. Die Trendsportart wurde 1990 in den USA erfunden und wird seit einigen Jahren auch in Europa immer bekannter. Im deutschsprachigen Raum gibt es mehr als 200 000 aktive Wakeboarder. Auch exotische Länder wie Südafrika, Thailand, die Philippinen und Australien haben das Potential erkannt und sind beliebte Reiseziele der Wakeboarder im Winter.

Für diesen Sport braucht man entweder ein Boot oder eine Kabelanlage an einem See. Der Wakeboarder wird über das Wasser gezogen und nutzt die Heckwelle (Wake) um seine Tricks vorzuführen. Je höher die Wake, desto gewaltiger die Sprünge. Wakeboarden kann jeder sehr schnell lernen, der ein wenig Erfahrung im Snowboarden, Skifahren, Surfen oder Schlittschuhlaufen mitbringt.

Man förderte Wakeboarden in den USA durch intensive Fernsehberichte und es gilt heute als die am schnellsten wachsende Trendsportart.

funsporting.com

b 💡 Lesen Sie die Texte noch einmal und machen Sie die Aufgaben online.

3 a 🎧🎬 Schauen Sie sich das Interview mit Marco an und hören Sie gut zu. Welche Sportarten werden erwähnt?

> Basketball   Fußball   Handball   Hockey   Kanufahren   Reiten
> Skateboarden   Tischtennis   Wasserball   Seilspringen (Seil = *rope*)

b 🎧 Notieren Sie die verschiedenen Formen der Modalverben (dürfen, können, mögen, müssen, sollen, wollen), die Sie im Interview hören. Machen Sie eine Tabelle und ordnen Sie sie je nach Zeitform zu.

Präsens *Present*	Imperfekt *Simple past*	Konjunktiv II *Conditional*	Infinitiv *Infinitive*

c 💡 Richtig, falsch oder nicht im Interview angegeben?

d 💡 Lesen Sie das Interview auf dem Arbeitsblatt und füllen Sie die Lücken aus.

4 a Warum haben viele Trendsportarten auch in Deutschland englische Namen? Wählen Sie eine dieser Sportarten und finden Sie mehr darüber heraus.

> Allterrainboarding   Bobby Car Racing   Eisgolfen   Eisklettern
> Extreme Ironing   Nordic Walking   Speedminton
> Sumpfschnorcheln (Sumpf = *swamp*)

b 💡 Wählen Sie eine Sportart – entweder eine traditionelle oder eine Trendsportart. Beschreiben Sie die Sportart, ohne ihren Namen anzugeben. Deine Partnerin/Dein Partner muss dann die Sportart erraten.

5 💡 Stellen Sie sich vor, Sie waren letztes Jahr in Deutschland und haben an einer Sportveranstaltung teilgenommen, entweder als Zuschauerin/Zuschauer oder aktiv dabei. Benutzen Sie das Arbeitsblatt und beschreiben Sie Ihre Erfahrungen. Was haben Sie dabei empfunden?

💡 Grammatik

Use modal verbs: simple past and imperfect subjunctive (conditional)

Modal verbs in the simple past and conditional tenses have the same endings but a different vowel in the stem – except for *sollen* and *wollen* where the two tenses are identical in formation.

	Present	Simple past	Conditional
dürfen	ich darf	ich durfte	ich dürfte
können	du kannst	du konntest	du könntest
mögen	er/sie mag	er/sie mochte	er/sie möchte
müssen	wir müssen	wir mussten	wir müssten
sollen	ihr sollt	ihr solltet	ihr solltet
wollen	sie/Sie wollen	sie/Sie wollten	sie/Sie wollten

Vokabeln

die Ausrede(n) *excuse*

allerdings *though*

die Mühe(n) *effort*

zukommen auf + *accusative* *to approach*

der Verlust(e) *loss*

herstellen *to produce*

hauptsächlich *mainly*

die Kraft(¨e) *strength*

die Ausdauer(-) *stamina, endurance*

tatsächlich *in fact*

belasten *to stretch, put load on*

überfordert *overstretched*

zusammenfassend *in conclusion*

1 Sind die folgenden Aspekte des Sports eher Vorteile oder Nachteile? Welche Vorteile finden Sie am wichtigsten und warum? Sind Sie auch mit den Nachteilen einverstanden?

- mit anderen Leuten zusammen sein
- die Umwelt belasten
- ein gesundes Herz haben
- schlank bleiben
- Spannung erleben
- müde werden
- neue Freundschaften schließen
- Wettkämpfe gewinnen
- Enttäuschung erfahren
- Mannschaftsgeist entwickeln

2 a Lesen Sie den Text und bringen Sie die folgenden Sätze in die Reihenfolge, in der sie im Text erscheinen.

Welcher Sport macht wirklich fit?

Bei schönem Wetter gelten Ausreden wie ‚zu nass' oder ‚zu kalt' nicht mehr, der Winterschlaf ist vorbei – jetzt heißt es raus an die frische Luft.

„Der Mensch ist eine Bewegungsmaschine", sagt Michael Siewers, Sportmediziner an der Uni Kiel. Seit 50 Jahren allerdings nehmen uns Maschinen immer mehr von dieser Mühe ab."

Zu wenig Bewegung, zu wenig Tageslicht – das führt nach Meinung von Medizinern und Sportwissenschaftlern zu Rückenleiden, Übergewicht oder Arterienverkalkung. Reinhard Weber sieht außerdem eine Osteoporose-Welle auf uns zukommen: „Studien haben gezeigt, dass der Kalziumverlust in den Knochen immer früher beginnt.

Dagegen hilft nur Bewegung und Tageslicht, damit der Körper Vitamin D herstellen kann."

„Wer völlig unsportlich ist, geht am besten spazieren oder benutzt öfter mal die Treppen."

Um einen wirklichen Trainingseffekt zu erreichen, muss man mindestens zwei Mal pro Woche aktiv sein. Und dann sollte man auch darauf achten, den ganzen Körper zu trainieren.

Für Übergewichtige wird oft Radsport empfohlen, denn hier trägt das Fahrrad einen großen Teil des Körpergewichts. Trotzdem warnt Siewers hier vor Nachteilen: „Beim Radfahren wird wiederum nicht der ganze Körper trainiert, sondern hauptsächlich die Beine." Besser geeignet zum Abnehmen

ist Schwimmen oder Rudern. Beides gilt als idealer Ganzkörpersport, mit dem sich sowohl Kraft als auch Ausdauer verbessern lassen.

Aber wie oft und wie intensiv sollte man Sport treiben? Heißt es tatsächlich: Je mehr, desto besser? Bestimmt nicht. Leistungssportler belasten ihren Körper so häufig und so extrem, dass ihr Immunsystem oft überfordert ist. Freizeitsportler sollten vorsichtig sein. Verletzungen können auch entstehen, weil die Sportler sich nicht ausreichend auf das Training vorbereitet haben.

Zusammenfassend meint Siewers: „Das Wichtigste am Sport ist, dass die Menschen eine Sportart betreiben, die ihnen Spaß macht."

Tinka Wolf, WELT ONLINE

i   Man sollte regelmäßig trainieren.

ii   Der Körper braucht Bewegung.

iii   Man sollte nicht zu viel Sport treiben.

iv   Das Klima hat einen Einfluss auf Sport.

v   Bestimmte Sportarten sind besser geeignet für Menschen, die zu dick sind.

vi   Ein Mangel an Bewegung führt zu manchen Gesundheitsproblemen.

b   💡 Wählen Sie die zehn Aussagen online, die mit dem Sinn des Berichts übereinstimmen.

c   Wählen Sie zwei Empfehlungen, die im Text vorkommen. Was meinen Sie zu diesen Empfehlungen? Für wen sind sie nützlich? Diskutieren Sie Ihre Ansichten mit einer Partnerin/einem Partner.

d   💡 Schreiben Sie in ca. 50 Wörtern eine Werbung für ein neues Freizeitzentrum, das mehrere Sportmöglichkeiten bietet. Entwerfen Sie Ihre Werbung als Sound-Datei oder Text. Benutzen Sie das Arbeitsblatt.

3 a   Sport und Umwelt. Schlagen Sie die folgende Wörter in einem Wörterbuch nach, bevor Sie sich das Interview anhören.

> ebenso   das Verhalten   heranführen   die Aktion   sich engagieren
> der Zusammenhang   der Blick   lediglich   der Umgang
> der Wert   die Gerechtigkeit   vorhanden

b   🎧 Hören Sie sich jetzt dieses Interview an. Wer sagt was? Benutzen Sie M für Mareen, B für Benny, und M/B für beide.

i   Aktionstage   vi   die Fußball-Weltmeisterschaft

ii   Bergsteigen   vii   Kultur

iii   Wandern   viii   Naturschutz

iv   Mitglied   ix   Klimaschaden

v   Gerechtigkeit   x   Energie

c   Wählen Sie jetzt vier der oben angegebenen Wörter. Schreiben Sie mit jedem Wort einen Satz, um zu zeigen, dass Sie das Wort richtig verstanden haben.

Beispiel: Durch Aktionstage erfahren Kinder etwas über Naturschutz.

d   💡🎧 Hören Sie noch einmal zu und machen Sie die Aufgaben online.

Schlüsselausdrücke

Which sport?

Ich stimme zu, dass …

Das stimmt so nicht.

Problematisch ist dabei, dass …

Da habe ich Zweifel.

Dagegen lässt sich einwenden, dass …

Natürlich/selbstverständlich.

Kannst du das näher erklären?

… bietet eine Vielzahl an Aktivitäten

Hier kann man …

Genießen Sie …/Ihnen steht zur Verfügung …

das Hallenwellen-Bad/der Fitnessraum/ die Minigolfanlage/die Rodelbahn

die Öffnungszeiten/die Eintrittspreise

⬛ Strategie

Check for mistakes when using verbs

Before handing in a piece of written German, allow yourself time to check for common mistakes. For verbs, check the following:

1   Does the ending of the verb agree with its subject?

2   Is the verb in the right tense?

3   Is the verb in the right position in the sentence?

💡 Grammatik

Use the infinitive with *zu*

The infinitive is used with the constructions *um … zu* (in order to), *ohne … zu* (without) and *anstatt … zu* (instead of).

Welchen Sport sollte man wirklich treiben, um schlank **zu bleiben**?

Es ist gut, wenn Sie die Treppen raufsteigen können, ohne **zu schnaufen** …

Anstatt **zu arbeiten**, schläft er einfach den ganzen Tag.

C Vorbilder im Sport

1 🖊 Wählen Sie eine Persönlichkeit aus der Welt des Sports. Bewundern Sie diese Person? Warum (nicht)? Was wissen Sie über ihr/sein Leben? Was möchten Sie sonst noch darüber herausfinden? Besprechen Sie das mit einer Partnerin/einem Partner und benutzen Sie das Folgende:

> Alter   Staatsangehörigkeit   Welche Sportart
> Seit wann sie/er Sport treibt   Erster Erfolg   Weitere Erfolge
> Hoffnungen für die Zukunft   Charakter   Familienstand   Hobbys

2 a Lesen Sie diesen Bericht über Steffi Graf und beantworten Sie die folgenden Fragen auf Deutsch.

Steffi Graf: Profil einer Tennislegende

Stefanie Maria Graf wurde am 14. Juni 1969 in Mannheim geboren. Aufgewachsen ist sie in Brühl bei ihren Eltern Heidi und Peter Graf. Im Alter von vier Jahren startete sie 1973 beim Heidelberger Tennisclub ihre Tennis-Karriere.

Trainer und Manager war ihr Vater, der das Talent seiner Tochter früh erkannte und förderte. Bereits im Alter von 13 Jahren machte sie Sportgeschichte, indem sie 1982 die zweitjüngste Profispielerin aller Zeiten war.

1984 trat sie als Botschafterin dem WWF (World Wildlife Fund) bei, der zu den führenden Organisationen zum Schutz bedrohter Tierarten zählt.

Als sie 1987 die French Open gewann, zählte sie schon zu den beliebtesten Sportlern der Welt. Zusammen mit ihrem männlichen Kollegen Boris Becker war sie Auslöser für ein riesiges Medieninteresse am ‚weißen Sport'.

Nach zahlreichen Siegen gewann Steffi Graf 1988 als Nummer Eins der Weltrangliste und als dritte Frau überhaupt alle vier Grand Slam Turniere. Dieses erfolgreichste Jahr krönte sie mit dem Gewinn der Goldmedaille im Einzel bei den Olympischen Spielen in Seoul, dem sogenannten Golden Slam, sowie der Bronzemedaille im Doppel mit ihrer Partnerin Claudia Kohde-Kilsch.

In den folgenden Jahren wurde Steffi Graf zur erfolgreichsten Spielerin aller Zeiten. Während ihrer Karriere gewann sie Wimbledon sieben Mal und insgesamt 107 Titel.

Am 13. August 1999 trat Steffi Graf offiziell vom Profitennis zurück. In diesem Jahr wurde sie in Wien zur „Sportlerin des Jahrhunderts" (Kategorie weibliche Ballsportathletin) gewählt und in Lausanne mit dem „Olympischen Orden" geehrt.

whoswho.de

Vokabeln

bereits *already*
die Botschafterin (nen) *ambassador*
bedroht *threatened*
zählen zu + dative *to be one of*
der Auslöser(-) *trigger, cause*
überhaupt *at all, (here) of all time*
erfolgreich *successful*
krönen *to crown*
zurücktreten *to retire*

i   Warum wird der Heidelberger Tennisclub erwähnt?

ii   Welche Rolle spielte der Vater von Steffi Graf?

iii   Wieso war 1982 ein bedeutendes Jahr für sie?

iv   Welche Rolle spielte Steffi Graf ab 1984 im World Wildlife Fund?

v   Welchen Einfluss haben Steffi Graf und Boris Becker auf die Medien gehabt?

vi   Aus welchen Gründen war 1988 Steffis erfolgreichstes Jahr?

vii   Warum wurde sie später als erfolgreichste Spielerin aller Zeiten betrachtet?

viii   Welche Auszeichnungen bekam sie 1999?

b Ist Steffi Graf Ihrer Meinung nach ein gutes Vorbild? Warum? Können Sie weitere Einzelheiten über ihr Leben herausfinden? Diskutieren Sie das anschließend in der Klasse.

c Gruppenarbeit. Was für Fragen würden Sie stellen, wenn Sie die Möglichkeit hätten, ein Interview mit Ihrer Lieblingssportlerin/Ihrem Lieblingssportler zu machen? Stellen Sie eine Liste von Fragen auf und vergleichen Sie dann Ihre Liste mit anderen in der Gruppe.

3 💡 Lesen Sie den Text „Champions 2006: die Berliner Sportler des Jahres" und machen Sie die Aufgaben online.

4 a 💡🎧 Hören Sie sich das Interview an und machen Sie die Aufgaben online. Bevor Sie sich das Interview anhören, schlagen Sie die folgende Wörter in einem Wörterbuch nach.

> Paragleiten   Bekanntschaft   Ausdauer   Hartnäckigkeit
> sich selbst bemitleiden   jammern   in die Tat umsetzen

b 💡🎧 Hören Sie zu. Beantworten Sie die Fragen auf Englisch auf dem Arbeitsblatt.

c Bereiten Sie einen kurzen Vortrag (nicht länger als zwei Minuten) über Walter Rauber vor. Benutzen Sie die Informationen aus dem Interview sowie die Personenbeschreibung unten.

Personenbeschreibung von Walter Rauber

Vorname/Name: Walter Rauber

Spitzname: Walti

Geburtstag: 01.04.1952

Wohnort: Hausen bei Brugg, Schweiz

Beruf: Halbtags angestellt bei Setz Gütertransport AG

Familienstand: Geschieden

Kinder: Sebrina, Jasmine und Beni

Hobbys: Handbike und Skifahren

Lieblingsessen: Pizza (selbstgemacht)

Lieblingsgetränk: Wasser

Lebensmotto: Quäle deinen Körper, oder
er quält DICH; lieber FIT statt FETT!

Schlüsselausdrücke

My favourite sportstar

über Jahre hinweg Erfolg haben

mit Leib und Seele bei der Sache sein

seinen/ihren Sport wirklich ernst nehmen

ehrgeizig sein

etwas mit Leidenschaft tun

in keine Dopingskandale verwickelt sein

Wie sind Sie zum … gekommen?

Was ist Ihr Traumziel in Ihrem Sport?

Was meinen Sie muss ein Sportler haben?

Was bedeutet für Sie verlieren?

Können Sie mir sagen …

Was war Ihr größter Sportmoment?

Wie wichtig ist Ihnen der Sieg? Und warum?

Haben Sie einen Ausgleich zum Sport?

🔖 Strategie

Use synonyms and antonyms

1 Synonyms are words that can have the same meaning, such as *wichtig* and *bedeutend*.

2 Antonyms are words that can have opposite meanings, such as *gut* and *schlecht*.

3 The ability to use synonyms and antonyms will help you to express the content of a text or recording in your own words. It will also bring greater variety to your own spoken and written German.

💡 Grammatik

Use subordinate clauses and subordinating conjunctions

A subordinate clause is a part of a sentence that cannot normally stand on its own, but is attached to a main clause by a subordinating conjunction such as 'after' or 'because'. In German, the verb in a subordinate clause goes to the end of that clause, e.g.

> Studien haben gezeigt, dass der Kalziumverlust in den Knochen immer früher beginnt.

Other conjunctions (words that join sentences or clauses together) are: *weil* (because), *wenn* (when, if) , *als* (when), *dass* (that), *ob* (whether), *obwohl* (although), *obgleich* (although), *während* (during), *bevor* (before), *bis* (until), *sobald* (as soon as), *damit* (so that), *falls* (in case), *nachdem* (after), *seitdem* (since).

Now you should be able to:

- Understand and produce vocabulary to describe different sports
- Compare different types of sport, especially traditional versus 'fun' sports
- Discuss personal involvement in sport
- Describe and discuss the benefits of sport and exercise
- Consider links between sport and other aspects of life, e.g. environmental protection
- Discuss the impact of role models in sport: positive and negative effects
- Describe and discuss the achievements of well-known sportswomen and sportsmen
- Consider the successful involvement of disabled people in sport

Grammar

- Use modal verbs: simple past and imperfect subjunctive (conditional)
- Use the infinitive with *zu*
- Use subordinate clauses and subordinating conjunctions

Skills

- Give descriptions
- Check for mistakes when using verbs
- Use synonyms and antonyms

■ Testen Sie sich!

1 Füllen Sie die Lücken aus.

Futsal ...... seinen Ursprung in Südamerika. Heute ...... Futsal in 90 Ländern ......, aber in Deutschland ...... der Sport noch relativ unbekannt.

2 Ergänzen Sie den Satz.

Wakeboarden ist eine Sportart, die ....

3 Übersetzen Sie ins Englische.

Du musst nicht jeden Abend auf dem Sportplatz verbringen, aber wenn du in der Mannschaft mitspielen willst, dann solltest du regelmäßig trainieren.

4 Füllen Sie die Lücken mit Modalverben aus.

Ich ...... letztes Jahr eine neue Sportart ausprobieren, aber ich ...... zuerst fit werden. Meine Eltern ...... nicht verstehen, warum ich zwei Jahre früher mit dem Training aufgehört hatte.

5 Ergänzen Sie den Satz.

Man sollte Sport treiben, um ....

6 Bringen Sie die Wörter in die richtige Reihenfolge.

aktiv bleiben fit Mal man mindestens muss pro sein um wirklich Woche zu zwei

7 Wie kann man fit bleiben, ohne Sport zu treiben? Beschreiben Sie eine Möglichkeit.

8 Ergänzen Sie den Satz.

Jens Voigt gilt als sauberer Sportsmann, weil ....

9 Übersetzen Sie ins Englische.

Ausdauer und Hartnäckigkeit sind wichtige Eigenschaften.

10 Welche Wörter passen in die Lücke in diesem Satz? Nennen Sie drei Möglichkeiten.

Ich war guter Laune, ... Hertha BSC das Spiel gewonnen hatte.

AQA　Examiner's tips

Listening

Become totally familiar with numbers and dates. Knowledge of these is often tested in the Listening Comprehension section.

Speaking

Learn your numbers. You will need to understand them and be able to say them. As German numbers are difficult to say, practise them.

Reading

Read the rubric carefully. If an answer is required in German, do not give it in English (or vice versa), and note that in some tests you may be asked which answers are **wrong**.

Writing

When you check your answers, make sure you have spelt the words with *ie* and *ei* **correctly**. A careless mistake like reversing them completely changes the meaning of some words (*lieb/Leib, sie/sei, Wien/Wein*).

Gesund leben

8 Gesundheit und Wohlbefinden

By the end of this chapter you will be able to:

	Areas of study	Grammar	Skills
A **Alkohol, Tabak und Drogen**	■ Describe and discuss the effects of alcohol, smoking and drugs ■ Discuss measures to reduce the consumption of alcohol, tobacco and drugs	■ Use key subjunctive forms and relative clauses	■ Recognise and use key subjunctive forms
B **Iss gesund!**	■ Understand and use vocabulary connected with healthy eating ■ Discuss the link between diet and health ■ Consider eating disorders and measures to overcome them	■ Use the imperative	■ Ask and understand questions
C **Arbeiten oder leben?**	■ Discuss the effects of work on health ■ Discuss the importance of a well-balanced lifestyle ■ Consider the various factors that contribute to a healthy lifestyle ■ Consider the risks to health through accidents at work	■ Use adjectival nouns	

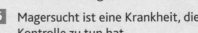

Eines Tages wird es keine Unfälle mehr geben, an denen Alkohol schuld war . . .   . . . das ist der Tag, an dem die Bäume laufen gelernt haben.

Bundeszentrale für gesundheitliche Aufklärung

Wussten Sie schon?

Die ‚Bio' Bewegung begann in den siebziger Jahren. Es gab 1973 ca. fünf Bio-Läden in Deutschland. Der Begriff ‚alternative Ernährung' wurde erstmals 1982 erwähnt. Heute liegt Bio voll im Trend; trotzdem sind in deutschen Supermärkten weniger als 3% Bio-Produkte im Angebot.

Das Rauchverbot in Deutschland ist je nach Bundesland unterschiedlich. Hamburg war das erste Bundesland, das den Nichtraucherschutz festgeschrieben hat. Seit dem 1. Januar 2008 ist das Rauchen dort an allen öffentlichen Orten verboten.

In Deutschland leiden über 100 000 Menschen, vor allem Frauen im Alter von 15 bis 35 Jahren, an Magersucht (Anorexie).

In der Bundesrepublik sterben jährlich mehr als 1500 Menschen wegen Alkohol am Steuer und ca. 49 000 Menschen werden verletzt.

Zum Aufwärmen

Richtig oder falsch?

1 Die meisten Obstsorten enthalten Vitamin C.

2 Vegetarier sterben jünger als Nicht-Vegetarier.

3 Alcopops enthalten mehr Alkohol als Bier.

4 In Deutschland sind über 70 Prozent der Bevölkerung Raucher.

5 Die Verwendung von Cannabis ist in Deutschland legal.

6 Magersucht ist eine Krankheit, die mit Kontrolle zu tun hat.

7 Deutsche Männer arbeiten durchschnittlich 30 Stunden pro Woche.

8 Immer mehr Deutsche arbeiten Teilzeit.

Vokabeln

das Rauchen verbieten *to ban smoking*

die Abhängigkeit(en) *dependency, addiction*

belebend *invigorating*

seelisch *mental, psychological*

der Kreislauf(¨e) *circulation*

der Atemweg(e) *respiratory tract*

der/die Drogenabhängige(n) *drug addicts*

weiche/harte Drogen *soft/hard drugs*

künstlich *artificial*

der Rausch *high, intoxication*

der Wertgegenstand(¨e) *object of value*

Schlüsselausdrücke

Alcohol, tobacco and drugs

Die Nichtraucherwohnungen/ -häuser

Der Rauch zieht in die Wohnung des Nachbarn.

einerseits das Rauchen und übermäßigen Alkoholkonsum kritisieren

andererseits gut an der Tabak- und Alkoholsteuer verdienen

---

1 🗨 Lesen Sie die folgenden Aussagen und diskutieren Sie sie mit einer Partnerin/einem Partner. Mit welchen Aussagen stimmen Sie überein?

- Eine Party ohne Alkohol ist langweilig.
- Alkohol macht einen sicherer und selbstbewusster.
- Man sollte Alkohol an öffentlichen Plätzen verbieten.
- Die Tabaksteuer ist zu hoch.
- Rauchen sollte auch in der Wohnung verboten sein.
- Drogen sind nicht gefährlicher als Tabak und Alkohol.
- Man kann gewisse Drogen nehmen, ohne abhängig zu werden.
- Kaffee oder Tee sind auch Drogen.

2 a Machen Sie eine Liste der Gefahren von Drogen, Alkohol und Nikotin und vergleichen Sie sie mit der Liste Ihrer Partnerin/Ihres Partners, bevor Sie diesen Text lesen.

Wie gefährlich sind Drogen?

1 Es gibt viele gefährliche Drogen, einige davon sogar im Haushalt. Eine erlaubte Droge ist das Koffein, das nicht nur in Kaffee und in Tee, sondern auch in Schokolade und in vielen synthetischen Produkten vorkommt. Beim regelmäßigen Trinken von etwa fünf Tassen Kaffee am Tag entsteht eine körperliche Abhängigkeit, denn Koffein wirkt belebend und verbessert die Stimmung. Wer zu viel davon trinkt, muss mit Schlaflosigkeit, Magenbeschwerden und seelischen Beschwerden rechnen.

2 Die gefährlichste Droge, die jeder ab einem gewissen Alter problemlos kaufen kann, ist jedoch Alkohol. Die Folgen täglichen Alkoholkonsums: Nervenzellen sterben ab, die Leber, das Herz, der Kreislauf und der Magen werden angegriffen und geschädigt. Am Ende eines jahrelangen Konsums von Alkohol kann es sogar zur Zerstörung der Leber und schließlich zum Tod kommen.

3 Ähnliches gilt für die Droge Nikotin in Tabak. Nur schädigt es hier meist die Lungen und Atemwege der Abhängigen. Ärzte warnen davor, denn viele der Früheinsteiger werden süchtig.

4 Fast alle Drogen werden aus Pflanzen gewonnen: Die weiche Droge Haschisch beispielsweise wird aus der Cannabis-Pflanze gewonnen. Diese Drogen schädigen zwar den Körper oder die Psyche eines Abhängigen, aber es sind natürliche Stoffe. ‚Designerdrogen', wie Ecstasy dagegen, sind künstliche Drogen. Hier werden verschiedene Substanzen zu Tabletten zusammengemixt, die eine starke Rauschwirkung haben. Wer solche Tabletten einnimmt, weiß häufig überhaupt nicht, welche Stoffe verwendet wurden.

5 Außerdem landen Abhängige von verbotenen Drogen immer bei einem Dealer, der für seine verbotene Ware sehr viel Geld nimmt. Da die meisten Betroffenen nicht genug Geld für ihre Drogen besitzen, fangen sie an, Wertgegenstände zu klauen, um sich durch deren Verkauf Geld zu verschaffen.

Fachhochschule Frankfurt am Main

b 📖 Lesen Sie den Text noch einmal durch und machen Sie die Aufgaben online.

c Ergänzen Sie die folgenden Sätze, so dass sie mit dem Sinn des Textes übereinstimmen.

   i   Schokolade und viele synthetische Produkte enthalten auch …

   ii   Wenn man etwa fünf Tassen Kaffee am Tag trinkt, …

   iii   Obwohl Alkohol eine gefährliche Droge ist, …

   iv   Alkohol schädigt …

   v   Ecstasy-Tabletten bestehen aus …

   vi   Um verbotene Drogen zu bekommen, …

   vii   Da die verbotenen Drogen sehr teuer sind, …

d Haben Sie durch diesen Text etwas Neues gelernt? Was? Glauben Sie, dass alle Angaben im Text stimmen? Besprechen Sie das mit einer Partnerin/einem Partner.

3 a 🎧 Hören Sie sich dieses Gespräch über Alkohol an. Wer sagt das: Dominik, Marianne, Uta oder Patrick?

   i   Es ist nicht schön, wenn junge Leute in der Öffentlichkeit trinken.

   ii   Das geplante Verbot hat keinen Sinn.

   iii   Der Verkauf von Alkohol an Jugendliche sollte verboten werden.

   iv   Das geplante Verbot sollte auch Erwachsene betreffen.

   v   Es ist wichtiger, Sucht zu bekämpfen, als das geplante Verbot einzuführen.

   vi   Der Alkoholkonsum führt zu Ausschreitungen.

b Mit wem stimmen Sie am meisten überein: Dominik, Marianne, Uta oder Patrick? Besprechen Sie das mit einer Partnerin/einem Partner.

4 a 📖🎧 Hören Sie sich das Interview mit der Drogenberaterin Anne Stangl an und machen Sie die Aufgaben online.

b 📖🎧 Hören Sie noch einmal zu und machen Sie die Aufgaben auf dem Arbeitsblatt.

5 📖 Sollte man das Rauchen total verbieten – auch in der eigenen Wohnung? Führen Sie eine Debatte in der Klasse (benutzen Sie das Arbeitsblatt).

6 Sollte es strengere Kontrollen geben? Fassen Sie Ihre Ansichten schriftlich zusammen (ca. 100 Wörter), indem Sie:

- die heutige Situation beschreiben
- Ihre Meinung dazu äußern und begründen
- vorschlagen, was die Regierung in Bezug auf Alkohol, Tabak und Drogen tun sollte.

💡 Grammatik

Use key subjunctive forms

A common use of the subjunctive tense in German is the 'conditional sentence', conveying the idea of 'what would happen if …'. There are two types of conditional sentence.

- One type uses the imperfect subjunctive or *würde* + infinitive and describes something that could still happen, e.g.:
Woher **würde** das Geld kommen, wenn der Verkauf von Tabak illegal wäre?

- The other type uses the pluperfect subjunctive: the past participle of the verb and the imperfect subjunctive of *haben* and *sein* – and describes something that could have happened but now belongs to history, e.g.:
Was **wäre passiert**, wenn ich nicht mit dem Rauchen aufgehört hätte?

🔍 Strategie

Recognise and use key subjunctive forms

💡 Grammatik

Use relative clauses

- A relative clause is a subordinate clause that begins with a relative pronoun. The relative pronoun usually refers back to a noun in the preceding main clause. In English, the words 'who(m)', 'whose', 'which' and 'that' are used as relative pronouns.

- In German, there is a single set of relative pronouns corresponding to 'who(m)', 'whose', 'which' and 'that'. That set of words looks similar to the normal table for 'the', but with some important differences which are highlighted below.

	masculine singular	feminine singular	neuter singular	plural
nominative	der	die	das	die
accusative	den	die	das	die
genitive	**dessen**	**deren**	**dessen**	**deren**
dative	dem	der	dem	**denen**

B   Iss gesund!

Vokabeln

genießen *to enjoy*

die Vielfalt(-) *variety*

die Menge(n) *quantity*

Vollkorn *wholemeal*

enthalten *to contain*

der Ballaststoff(e) *roughage, fibre*

der Morgenmuffel(-) *person who is grumpy in the morning*

in Maßen *in moderation*

der Betrag(¨e) *amount*

die Flüssigkeit(en) *fluid*

im Grenzen halten *to limit*

bevorzugen *to prefer*

nebenbei *on the side, while doing something else*

anschließend *then, afterwards*

satt *full (stomach)*

Schlüsselausdrücke

Healthy eating

Ich esse schon genug/zu viel(e) …

Ich trinke …

Ich nehme … zu mir …

Ich versuche, … zu …

Ich halte … für wichtig.

Beim Essen denke ich immer/ manchmal/nie an meine Gesundheit.

Ich achte immer/manchmal/nie auf Fettgehalt/Zucker/Salz in Lebensmitteln.

Ich vermeide …

Ich esse normalerweise vor dem Fernseher/mit der Familie am Tisch.

Obwohl es mir gut schmeckt, …

Obwohl es ungesund ist, …

Ich sollte in Zukunft …

Ich könnte zum Beispiel …

---

1 💡 Was fällt Ihnen zum Ausdruck „gesundes Essen" ein? Machen Sie ein Assoziationsdiagramm.

2 Lesen Sie diesen Artikel.

Fit durch gesundes Essen

Eine gute Ernährung ist notwendig für die Gesundheit und für das Wohlbefinden des Menschen. Hier sind neun Regeln:

1 Genießen Sie die Lebensmittelvielfalt. Es gibt keine ‚ungesunden' oder ‚verbotenen' Lebensmittel. Es kommt eher auf die Menge und Kombination an.

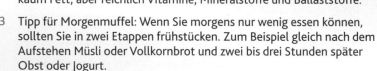

2 Essen Sie mehrmals am Tag Vollkornprodukte wie Brot, Nudeln und Reis. Sie enthalten kaum Fett, aber reichlich Vitamine, Mineralstoffe und Ballaststoffe.

3 Tipp für Morgenmuffel: Wenn Sie morgens nur wenig essen können, sollten Sie in zwei Etappen frühstücken. Zum Beispiel gleich nach dem Aufstehen Müsli oder Vollkornbrot und zwei bis drei Stunden später Obst oder Jogurt.

4 Gemüse und Obst: Nehmen Sie fünf Portionen Gemüse und Obst am Tag zu sich, möglichst frisch oder auch als Saft.

5 Täglich Milch und Milchprodukte. Einmal in der Woche sollten Sie auch Fisch essen. Fleisch, Wurstwaren und Eier dagegen in Maßen. Fleisch ist zwar wegen des hohen Betrags an Eisen und den Vitaminen B1, B6 und B12 vorteilhaft, doch 300–600 g Fleisch/Wurst pro Woche sind genug.

6 Wenig Fett: Halten Sie den Genuss von Fett in Grenzen.

7 Gehen Sie sparsam mit Zucker und Salz um.

8 Trinken Sie rund 1,5 Liter Flüssigkeit am Tag. Als Getränk sollte man Wasser bevorzugen. Alkoholische Getränke sollten Sie nur gelegentlich und in kleinen Mengen zu sich nehmen.

9 Wenn Sie etwas essen, dann tun Sie es nicht nebenbei. Konzentrieren Sie sich auf die Mahlzeit und machen Sie bewusst Pause. Sie können Ihr Essen besser genießen und fühlen sich anschließend nicht nur satt, sondern auch wohl.

Weitere Tipps finden Sie hier:
www.ClevereFrauen.de

a Schreiben Sie Notizen auf Englisch für die neun Regeln.

   i   forbidden foods

   ii   bread, pasta and rice

   iii   which people are advised to eat a second breakfast

   iv   when fruit and vegetables can be eaten

   v   the benefits of eating meat

   vi   what kind of fat is best

   vii sugar

   viii alcohol

   ix   how you can enjoy your food better

b 💡 Lesen Sie den Text noch einmal und machen Sie die Aufgabe online.

c ✎ Wie gesund ernähren Sie sich? Diskutieren Sie das mit einer Partnerin/einem Partner.

3 a 💡🎧 Hören Sie sich das Interview mit Christa an und machen Sie die Aufgaben online.

b 🎧 Hören Sie sich noch einmal das Interview mit Christa an und beantworten Sie die Fragen auf Deutsch.

   i   Was war der Drang, der zu Christas Magersucht führte?

   ii   Welche Nahrungsmittel hat sie sich erlaubt?

   iii   Was gehörte zum Programm, das Christa durchziehen musste?

   iv   Worüber hat sich Christa gefreut, als sie magersüchtig wurde?

   v   Wie haben Christas Eltern herausgefunden, dass sie magersüchtig war?

   vi   Was passierte in der Klinik?

   vii Wieso meint Christa, dass sie Glück hat?

   viii Was empfiehlt Christa anderen Magersüchtigen?

4 Was halten Sie von Vegetarismus? Führen Sie eine Debatte in der Klasse.

5 💡 Sehen Sie sich die zwei Anzeigen für Gesundheits- getränke an und entwerfen Sie Ihre eigene Anzeige.

Arbeiten oder leben?

Zeit für meine Familie habe ich schon genug. Ich muss nie abends arbeiten.

Bei der Arbeit bin ich Mitglied eines sympathischen Teams.

Ich bin stolz auf meine Firma. Die Arbeit ist für mich am wichtigsten.

Ohne Arbeit würde ich mich langweilen.

Letzte Woche habe ich im Durchschnitt vierzehn Stunden pro Tag gearbeitet. Ich hatte kaum Zeit zum Essen.

Mein Chef hat kein Verständnis für mein Familienleben.

Als Angestellte darf ich Teilzeit arbeiten, was im Moment nützlich ist.

Ich arbeite nicht mehr im Baugewerbe: Das Risiko eines Unfalls war zu groß.

1 Lesen Sie die folgenden Bemerkungen zum Thema Arbeitsleben. Welche Bemerkungen beziehen sich auf Vorteile des Arbeitens und welche auf Nachteile?

2 a 💡 Lesen Sie diesen Text und machen Sie die Aufgaben online.

Alles im Gleichgewicht
Nicht nur die Arbeit zählt. Unverzichtbar: Zeit für ein ausgewogenes Privatleben.

Karen ist glücklich verheiratet und als Abteilungsleiterin in ihrem Beruf erfolgreich, dennoch fühlt sie sich ständig überlastet. Und sogar wenn sie nach einem anstrengenden Tag nach Hause kommt, kann sie sich kaum entspannen. Dort wartet nämlich die Bügelwäsche, die Spülmaschine muss noch ausgeräumt werden und Hunger hat sie auch. Zwar weiß sie, dass sie etwas an ihrem Rhythmus ändern muss, aber es passiert dann doch nichts.

Die meisten Menschen arbeiten zu viel und leben zu wenig, das ist die These von Hannelore Fritz, Autorin des Buchs „Besser leben mit Work-Life-Balance: Wie Sie Karriere, Freizeit und Familie in Einklang bringen". In Zeiten zunehmender Angst um den Arbeitsplatz und immer höherer Anforderungen verliert man leicht das Gleichgewicht. In ihrem Buch zeigt uns Hannelore Fritz, wie wir Zeitinseln schaffen, um neben Beruf und Karriere noch Zeit für das Wichtige im Leben zu haben: Familie und Freunde, Gesundheit, Entspannung, Abwechslung und neue Herausforderungen.

Laut Fürstenberg Institut stellt das Burn-out-Syndrom, das bedeutet Arbeiten bis zur völligen Erschöpfung, ein zunehmendes Problem dar. Bis zu 30% der Lehrer und 10 bis 20% der Ärzte leiden an beruflicher Erschöpfung.

Aus dem Hamburger Abendblatt vom 26.3.2005, www.abendblatt.de

Vokabeln

unverzichtbar *indispensable*
überlastet *overloaded*
der Einklang(¨e) *harmony*
die Anforderung(en) *requirement, demand*
die Abwechslung(en) *variety*
die Herausforderung(en) *challenge*
die Erschöpfung(-) *exhaustion*
vernachlässigen *to neglect*
vereinbaren *to agree*

Weitere Tipps sind:

- Definieren Sie klare Werte und Ziele und nehmen Sie sich regelmäßig eine Auszeit.
- Gehen Sie an normalen Arbeitstagen zeitig nach Hause und verbringen Sie den Abend mit Ihrer Familie.
- Vernachlässigen Sie Ihre Freunde nicht.
- Essen Sie ohne Stress.
- Machen Sie regelmäßig Pausen und gehen Sie kurz an die frische Luft.
- Vereinbaren Sie Termine mit sich selbst, an denen Sie Dinge machen, die Ihnen Spaß machen.

b Lesen Sie den Text noch einmal und beantworten Sie die Fragen auf Deutsch.

   i   Warum kann sich Karen kaum entspannen, wenn sie nach Hause kommt?

   ii   Inwiefern ist sie frustriert?

   iii   Was ist das Ziel des Buchs, das Hannelore Fritz geschrieben hat?

   iv   Welchen Grund für das verlorene Gleichgewicht gibt Hannelore Fritz an?

   v   Was soll man unter „Zeitinseln" verstehen?

   vi   Was sollte man für den Körper machen? Geben Sie mindestens drei Beispiele an.

3 a 🎧 Stress! Hören Sie sich die sechs Interviews an und beantworten Sie die folgende Fragen. Wer …

   i   will vor allem eine erfolgreiche Karriere?

   ii   hat unter der Woche keine Freizeit?

   iii   wird das Studium bald beenden?

   iv   kennt jemand, der unter Leistungsdruck leidet?

   v   musste seine Hobbys aufgeben?

   vi   hält sein Einkommen für nicht besonders wichtig?

   vii   entspannt sich oft?

   viii   denkt, dass Stress unvermeidlich ist?

   ix   hat sich entschieden, den Arbeitsplatz nicht zu wechseln?

   x   ist nicht sicher, ob er auf Dauer mit seiner Arbeit weitermachen kann?

   xi   hat schon Hilfe bekommen?

   xii   ist die jüngste von den sechs Jugendlichen?

b 🎧 ✎ Hören Sie noch einmal zu. Wählen Sie drei von den Jugendlichen und besprechen Sie ihre Situation mit einer Partnerin/einem Partner. Schreiben Sie dann Ihre Reaktionen auf.

- Wie finden Sie die Situation dieser Jugendlichen?
- Haben Sie Mitleid mit ihnen?
- Können Sie ihnen Rat geben?

4 💡 Was können Sie tun, um Ihr ganz persönliches Gleichgewicht zu wahren? Machen Sie die Aufgabe online.

5 💡 Sehen Sie die Umfrage zum Thema „Work-Life-Balance" auf dem Arbeitsblatt. Beantworten Sie die Fragen mündlich.

6 💡 Arbeitsunfallrisiko fällt weiter. Lesen Sie den Text auf dem Arbeitsblatt und beantworten Sie die Fragen auf Englisch.

7 Stellen Sie sich vor, dass Ihre beiden Eltern sehr lange Arbeitsstunden haben und dass die Familie darunter leidet. Schreiben Sie eine E-Mail an Ihre Brieffreundin/Ihren Brieffreund. Beziehen Sie folgende Punkte ein:

- Welche Berufe?
- Arbeitsstunden – wie lang?
- Auch am Wochenende?
- Viel weg von zu Hause?
- Warum so lange Arbeitszeit?
- Wer sorgt für die Kinder?
- Inwiefern leidet die Familie?
- Bitten Sie um Rat – was empfiehlst du?

💡 Grammatik

Use adjectival nouns

Some adjectives can be used as nouns, in which case they begin with a capital letter and take whichever ending an adjective would take in that position in the sentence. For example, the noun meaning 'homeless' is an adjectival noun based on the adjective *obdachlos*.

> Ein Obdachlos**er** hat mir geholfen. (Ein obdachlos**er** Mann hat mir geholfen.)
> Ich habe mit einem Obdachlos**en** gesprochen. (Ich habe mit einem obdachlos**en** Mann gesprochen.)

Now you should be able to:

- ■ Describe and discuss the effects of alcohol, smoking and drugs
- ■ Discuss measures to reduce the consumption of alcohol, tobacco and drugs

- ■ Understand and use vocabulary connected with healthy eating
- ■ Discuss the link between diet and health
- ■ Consider eating disorders and measures to overcome them

- ■ Discuss the effects of work on health
- ■ Discuss the importance of a well-balanced lifestyle
- ■ Consider the various factors that contribute to a healthy lifestyle
- ■ Consider the risks to health through accidents at work

Grammar

- ■ Use key subjunctive forms and relative clauses
- ■ Use the imperative
- ■ Use adjectival nouns

Skills

- ■ Recognise and use key subjunctive forms
- ■ Ask and understand questions

■ Testen Sie sich!

1 Finden Sie ein Antonym (Gegensatz) für:

a sicher
b privat
c natürlich

2 Warum fangen manche Drogenabhängige zu stehlen an?

3 Füllen Sie die Lücken aus.

Zu viele Jugendliche trinken auf der Straße und werden .... Der ...... von Alkohol sollte ...... kontrolliert ....

4 Füllen Sie die Lücken aus.

Alkohol ist die gefährlichste Droge, ... man problemlos kaufen kann, aber auch eine Droge, ... Wirkung man gut abschätzen kann. Jeder Mensch, ... Alkohol trinkt, sollte sich der Wirkungen bewusst sein.

5 Hier ist die Antwort. Was war die Frage?

„Nur einmal pro Tag. Ich weiß, dass das nicht genug ist."

6 Was bedeutet ‚Lebensmittelvielfalt'? Geben Sie eine Definition auf Deutsch.

7 Übersetzen Sie ins Englische.

Ich bin magersüchtig geworden, weil ich dem Schönheitsideal entsprechen wollte.

8 Füllen Sie die Lücken aus.

...... auf Ihre Ernährung! ...... immer fettarme Milchprodukte, ... mindestens 1,5 Liter Wasser pro Tag, und ...... sich Zeit für Ihre Mahlzeiten!

9 Schreiben Sie einen Satz mit der gleichen Bedeutung wie: „Nicht nur die Arbeit zählt."

10 Ergänzen Sie die Wörter.

Viele Erwachsen...... verstehen diese Jugendlich...... nicht. Sie wollen mit Arbeitslos...... auch nichts zu tun haben.

AQA Examiner's tips

Listening

Learn the verbs often used with basic **statistical information**, e.g. *die Preise/Zahlen steigen, sind gestiegen; die Preise/Zahlen sinken, sind gesunken*.

Speaking

Make it easy for yourself and use *gern* or *nicht gern* with the verb. It is far easier to say *ich esse gern Pizza* than using a modal verb such as *ich mag Pizza essen*.

Reading

The questions are based on the text in **chronological sequence**. So you should not, for instance, answer a question based on the first paragraph with a comment taken from the final paragraph.

Writing

Make sure you are familiar with **adjectival nouns** e.g. *die Jugendlichen, die Deutschen*.

Gesund leben

9 | Ferien

By the end of this chapter you will be able to:

	Areas of study	Grammar	Skills
A **Urlaub – wohin?**	■ Understand and produce the vocabulary to describe different types of holiday ■ Understand and express holiday preferences	■ Use conditional sentences with *würde* + infinitive and the imperfect subjunctive	■ Give and justify opinions
B **Urlaubstrends**	■ Discuss the purposes and benefits of holidays ■ Discuss and evaluate changing attitudes to holidays	■ Use particles: *doch, ja, mal, schon*	■ Understand and express statistics
C **Sanfter Tourismus**	■ Understand and produce the vocabulary of 'green' tourism ■ Discuss the impact of tourism on holiday destinations ■ Consider likely changes in holiday patterns	■ Use expressions of time	■ Avoid the passive

Wussten Sie schon?

Urlauber aus vielen Ländern kommen nach Deutschland. Die beliebtesten Städte bei den internationalen Gästen sind Berlin, München, Frankfurt am Main und Köln. Und was lockt sie an? Kulturhistorische Sehenswürdig-keiten, Sportereignisse, Straßenfeste oder stimmungsvolle Weihnachtsmärkte, um nur einige Höhepunkte zu nennen. In Deutschland wird gern und viel gefeiert. Und manche Volksfeste – wie etwa das Oktoberfest in München oder der Christopher Street Day in Köln, der Karneval der Kulturen in Berlin, die Fastnacht in Mainz oder der Faschingskarneval in Köln – sind längst international Synonym für gute Laune und eine weltläufige Atmosphäre geworden.

©"Tatsachen über Deutschland" und www.tatsachen-ueber-deutschland.de

Zum Aufwärmen

1 Welches Wort passt hier nicht?

Entspannung   Abenteuer   Arbeit   Sehenswürdigkeiten

2 Wählen Sie jeweils das richtige Wort.

In den Ferien fahre ich gern (im/ins) Ausland. Ich (benehme/unternehme) gern etwas Neues und versuche, neue Freunde zu (finden/verlieren). Aber vor allem muss ich Spaß (haben/machen).

3 Was bedeutet ‚ein Wellnessurlaub'?

a ein Urlaub, der Körper und Seele gut tut
b ein Urlaub, der nicht allzu teuer ist
c ein Urlaub, der viel Erfolg bringt

4 Bringen Sie diese Wörter in die richtige Reihenfolge.

Abenteuerreisen für interessieren Jugendliche sich viele

5 Wie heißt ‚sanfter Tourismus' auf Englisch?

a lazy tourism   b adventurous tourism   c green tourism

A Urlaub – wohin?

Vokabeln

das Abenteuer(-) *adventure*

das Bundesland("er) *German state*

das Seebad("er) *seaside resort*

die Ostsee *Baltic Sea*

genießen *to enjoy*

die Welle(n) *wave*

das Erlebnis(se) *experience*

das Watt(en) *mud-flats*

der Lebensraum("e) *habitat*

der Wolkenkratzer(-) *skyscraper*

berühren *to touch*

der See(n) *lake*

der Elch(e) *elk*

das Rentier(e) *reindeer*

der Bach("e) *stream*

das Gebirge(-) *mountain range*

selbstverständlich *natural, nothing special*

der Hubschrauber(-) *helicopter*

die Umgebung(en) *surroundings*

Schlüsselausdrücke

Holidays

Viele Grüße aus ..., wo ich ...

eine Sandburg bauen/Muscheln sammeln

eine Rundfahrt machen

die Sehenswürdigkeiten besichtigen

Tageswanderungen in den Bergen machen

lecker essen gehen

Ich habe unheimlich viel Spaß.

Bis bald!/Liebe Grüße, Dein/e ...

---

1 🗣 Fragen Sie eine Partnerin/einen Partner die folgende Fragen und vergleichen Sie die Antworten anschließend in der Klasse.

Was ist für Sie wichtig, wenn Sie einen Urlaub planen?

- Urlaub mit Freunden oder mit Familie?
- Meer und Sonne?
- Gute Nachtlokale?
- Sehenswürdigkeiten und Geschichte?
- Einkaufen?
- Abenteuer?
- Sport und Fitness?

2 a 💡 Lesen Sie den Text und machen Sie die Aufgabe online.

Schleswig-Holstein

Das nördlichste Bundesland Schleswig-Holstein nennt sich das ‚Land zwischen den Meeren'. Viereinhalb Millionen Gäste kommen jährlich in die Seebäder an der Ostsee und auf die Inseln in der Nordsee und genießen Sand und Sonne, Wind und Wellen, Städte und Strände.

Ein besonderes Erlebnis ist eine Wattwanderung. Im Schleswig-Holsteinischen Wattenmeer, dem größten Nationalpark in Mitteleuropa, kann man bei Ebbe nicht nur den Lebensraum Meer entdecken, sondern auch von Insel zu Insel gehen.

"Deutschland" magazine/Dezember/Januar 2005–2006 und www.magazine-deutschland.de

Südkorea

Südkorea hat viele Gesichter: Besucher entdecken weltberühmte buddhistische Tempel genauso als auch futuristische Wolkenkratzer.

Im Nationalmuseum von Seoul dürfen Kinder zum Beispiel Kopien historischer Kostbarkeiten berühren. Touristen können in Tempeln übernachten.

Südkorea muss für Touristen nicht teuer sein. Sushi, Sardinen, Hühnchen und Reisnudeln gibt es zu einem günstigen Preis in Familienrestauranten in Gyeongju.

© dpa 05/2007

Lappland

Vuoggatjålme liegt fast mitten im Polarkreis in Schwedisch-Lappland, nur 40 km von der norwegischen Grenze entfernt. Für den Abenteuerlustigen werden verschiedene Aktivitäten angeboten.

Das Hüttendorf liegt am See Vuoggatjålmejaure und am Fuße des Berges Tjidjak. Elche und Rentiere sind die nächsten Nachbarn. Es ist ein Paradies für Angler und Wanderer.

Sauberes, klares Wasser in Bächen und Seen sowie die herrlichen Gebirgspanoramen sind selbstverständlich für uns und unsere Gäste. Der Höhepunkt dieses Aufenthalts ist ein Rundflug mit dem Hubschrauber in die nähere Umgebung.

b Was wird in den Texten jeweils erwähnt? Benutzen Sie **SH** für Schleswig-Holstein, **S** für Südkorea und **L** für Lappland.

i die Küste

ii Berge

iii Geschichte

iv wilde Tiere

v die Natur

vi Wasser

vii Mahlzeiten

viii Wandern

ix Sehenswürdigkeiten besichtigen

x fliegen

c Diskutieren Sie mit einer Partnerin/einem Partner. Schleswig-Holstein, Südkorea oder Lappland – wo könnte man Ihrer Meinung nach am besten …

- sich erholen?
- Spaß haben?
- eine fremde Kultur erleben?

- etwas Neues unternehmen?
- neue Freunde finden?
- sich fit halten?

und welches Urlaubsziel würden Sie wählen …

- für eine Familie mit kleinen Kindern?
- für eine Gruppe von Studenten?
- für ein älteres Ehepaar?
- für sich selbst?

3 a 🎧 Hören Sie sich nun die Interviews an. Notieren Sie alle Urlaubsziele, die erwähnt werden (z.B. Dänemark). Was findet jede Person am wichtigsten im Urlaub? Schreiben Sie Stichwörter auf.

b 💡🖥 Hören Sie noch einmal zu und machen Sie die Aufgaben online.

4 💡 Raten Sie mal! Sehen Sie sich das Arbeitsblatt an und arbeiten Sie zu zweit. Sie wählen eines der Urlaubsziele und beschreibt es, ohne den Namen anzugeben. Deine Partnerin/Dein Partner muss das Reiseziel erraten.

5 Stellen Sie sich vor, Sie machen Urlaub an einem der Orte, die in Übungen 2 und 3 erwähnt werden. Schreiben Sie zwei verschiedene Postkarten – eine an Ihre Oma und die andere an eine Freundin/einen Freund.

💡 **Grammatik**

Use conditional sentences with *würde* + infinitive and the imperfect subjunctive

- To use 'I would …' in German, use either the **imperfect subjunctive** or *würde* + **infinitive**. The verbs most commonly used in the imperfect subjunctive include:

  sein   ich wäre

  haben   ich hätte

  können   ich könnte

  müssen   ich müsste

  Wir **könnten** Fußball spielen, wenn du nicht so müde **wärst**. *We could ('would/might be able to') play football if you were not so tired.*

- In the main clause, i.e. that part of the sentence that does not begin with *wenn*, the imperfect subjunctive is often replaced by *würde* + infinitive, e.g.:

  warten – ich würde warten

  sich beschweren – ich würde mich beschweren

  Wenn ich eine Brieffreundin **hätte**, **würde** ich sie besuchen. *If I had ('were to have') a penfriend, I would visit her.*

🔥 **Strategie**

Give and justify opinions

Meiner Meinung nach …

Was mich angeht …

Auf der anderen Seite …

followed by inversion

Ich finde es wichtig, dass …

Es stimmt nicht, dass …

weil/obwohl/auch wenn/selbst wenn

followed by subordinate word order

B   Urlaubstrends

Vokabeln

schweben *to float*
die Wüste(n) *desert*
sich tummeln *to romp*
der Anspruch(¨e) *demand, requirement*
die Gewohnheit(en) *habit*
die Sehnsucht nach + *dative longing for*
behalten *to keep*
die Wellness(-) *well-being*
das Wohlbefinden(-) *well-being*
seelisch *spiritual*
sich entwickeln *to develop*
sich begeistern für + *accusative to be keen on*
das Schlittenfahren(-) *sleighing*
sich unterscheiden *to differ*
bevorzugen *to prefer*
setzen auf + *accusative to bet on*
kommend *(here) next*
verfügen über + *accusative to have at one's disposal*

Schlüsselausdrücke

My dream holiday

eine einsame Insel

im Korallenriff schnorcheln

sich am Kaminfeuer erwärmen

in einem 5-Sterne-Hotel/in einer Ferienwohnung/im Wohnwagen übernachten

einen supertollen Urlaub ohne Eltern planen

keine Museen abklappern müssen

tun können, was man will

eine Sprachreise/ein Abenteuercamp/ ein Workcamp/ein Sportcamp/ einen Ferienkurs machen

in einem Zeltlager/in einer Jugendherberge bleiben

die Nacht durchtanzen

1 💡 Machen Sie eine Umfrage in der Klasse (benutzen Sie das Arbeitsblatt). Vergleichen Sie Ihre Ergebnisse dann mit denen einer Internet-Umfrage unter deutschen Jugendlichen.

2 a Lesen Sie den Artikel über Urlaubstrends. Welche Trends werden im Artikel erwähnt? Machen Sie zwei Listen auf Deutsch.

  i   ‚in' – was beliebt ist oder beliebter wird

  ii ‚out' – was an Beliebtheit verliert.

Die Zukunft des Reisens
Wo und wie wir morgen Urlaub machen

Im 21. Jahrhundert wird fast nichts unmöglich sein: auf Wolken schweben, durch Wüsten reiten oder sich unter Wasser tummeln. Die ganze Welt liegt dem Reisenden zu Füßen. Wie aber sieht die Bevölkerung die Zukunft des Reisens?

Die Ansprüche der Bundesbürger werden immer höher, die Urlaubsangebote immer perfekter. Jedoch hat der Urlaub von morgen auch viel mit alten Gewohnheiten zu tun. So bleibt für zwei von fünf Deutschen ‚Urlaub im Grünen' der erste Urlaubswunsch – die Suche nach Reisezielen, die eine schöne Natur und eine saubere Landschaft bieten. Aber auch die traditionelle Sehnsucht nach Sonne, Strand und Meer behält ihre Faszination.

Eine neue Urlaubsform ist der ‚Wellnessurlaub', der dem körperlichen und seelischen Wohlbefinden dient. Ebenso entwickelt sich der ‚Städtetourismus' zu einem Zukunftsmarkt. Vor allem Singles begeistern sich für diese Urlaubsform.

Der ‚Ferntourismus' – Weite, Wärme und Exotik – verliert langsam an Popularität, auch wenn er für die jüngere Generation attraktiv bleibt. ‚Abenteuerreisen' in fremde Länder – mal Farmer in Kanada, mal Schlittenfahrer bei den Eskimos – reizen immer weniger Bundesbürger.

Traumziele
Wohin die Deutschen gerne einmal reisen wollen

Die Traumziele der Generationen unterscheiden sich stark. Während die junge Generation bis 34 Jahre von Fernreisezielen träumt (Australien, Nordamerika, Karibik), bevorzugen die Senioren europäische Länder (Italien, Griechenland, Frankreich, Spanien). Die Tourismusindustrie ist mit einem Dilemma konfrontiert: Setzt sie in Zukunft auf die kommende Generation oder eher auf die älteren Reisenden, die über mehr Zeit und Geld verfügen?

b 💡 Lesen Sie den längeren Artikel online und machen Sie die Aufgaben online.

c Diskutieren Sie mit einer Partnerin/einem Partner.

- Welche Aspekte des Artikels finden Sie normal und welche Aspekte finden Sie überraschend?

- Was für einen Urlaub werden Sie in zehn Jahren wahrscheinlich machen?

3 a 🎧 Hören Sie sich den Bericht über Urlaubstrends an. Welche Aspekte der Urlaubsreisen werden erwähnt?

i   wie viele Deutsche auf Urlaub gehen möchten

ii   verschiedene Urlaubsformen

iii   Umweltfragen

iv   wie lange ein typischer Urlaub dauert

v   verschiedene Reiseziele in Südamerika

vi   verschiedene Reiseziele in Europa

vii   verschiedene Reiseziele in der Bundesrepublik

b 💡🎧 Hören Sie noch einmal zu und machen Sie die Aufgaben online.

4 a 💡 Lesen Sie die Blog-Ausschnitte auf dem Arbeitsblatt. Was meinen Sie zu diesen Äußerungen? Besprechen Sie Ihre Ansichten mit einer Partnerin/einem Partner.

b 📊 Wie stellen Sie sich das ideale Ferienziel Ihrer Partnerin/Ihres Partners vor? Schreiben Sie sich ein paar Stichwörter auf und sprechen Sie mit ihr/ihm darüber. Stimmt das alles?

5 a 💡 Was ist für Sie wichtig bei der Wahl eines Urlaubs? Schreiben Sie mindestens zehn Sätze. Benutzen Sie diese Stichwörter. Benutzen Sie auch das Arbeitsblatt.

Strand
Sport
Einkaufen
Entspannung
Erholung
Kultur
Aktiv-Urlaub

Hotel
Zelt

im eigenen Land
ein exotisches Ziel

Kurzaufenthalt
ein langer Aufenthalt

Freunde
Familie

b 💡 Es wird Ihr erster Urlaub ohne Eltern sein. Schreiben Sie eine E-Mail an eine Freundin/einen Freund, um sie/ihn einzuladen, mit Ihnen zu fahren.

💡 Grammatik

Use particles – *doch*, *ja*, *mal*, *schon*

In German, particles such as *doch*, *ja*, *mal* and *schon* can be used to 'flavour' a sentence, usually with some kind of emphasis. They are difficult to translate into English, which often relies on subtleties of intonation instead. Here are two examples:

Allein der Flug muss **doch** ein Vermögen kosten. *The flight alone must cost a fortune. (emphasising how expensive the flight is, suggesting that the listener may not realise this)*

Der Urlaub soll **ja** Spaß machen. *The holiday is meant to be fun. (emphasis on* Spaß*)*

📋 Strategie

Understand and express statistics

1   Conveying proportions and percentages:
    die Mehrheit*   *the majority*
    drei Viertel   ¾
    die Hälfte*   ½
    ein Drittel*   ⅓
    * = used with a singular verb

2   Describing change:
    steigen um/an/auf + *accusative*
    – *to increase by/to*

    fallen um/auf + *accusative*
    – *to decrease by/to*

3   Other useful phrases:
    im Durchschnitt
    on average

    im Vergleich zu
    in comparison with

C Sanfter Tourismus

Vokabeln

fehlen *to be lacking*

sich verlassen auf + *accusative to rely on*

ablösen *to replace*

die Verantwortung(en) *responsibility*

entstehen *to arise*

der Dreck(-) *mess*

fordern *to demand*

erobern *to conquer*

verzichten auf + *accusative to do without*

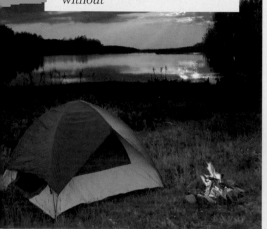

Schlüsselausdrücke

Ecotourism

... hat mir (echt) gut/(überhaupt) gefallen.

Was ich nicht so gut gefunden habe, ist, dass ...

Das hast mich so genervt.

Um ein Beispiel zu geben ...

Was ich unbedingt ändern würde ...

Es ist übertrieben zu sagen, dass ...

Es stimmt/es ist wahr, dass ...

Ich verstehe, warum du das sagst, aber auf der anderen Seite ...

Ich denke da anders, und zwar weil ...

Es ist unbestritten, dass ...

Mir scheint, dass ...

Man kann nicht sagen, dass ...

... hat mich wirklich schockiert

---

1 🔦 Wählen Sie bei jeder Aussage die ‚sanfte' Möglichkeit auf dem Arbeitsblatt.

2 🔦 Lesen Sie den Artikel online und finden Sie die entsprechenden deutschen Ausdrücke im Text (benutzen Sie das Arbeitsblatt).

3 a Lesen Sie den Text ‚Tourismus und Klima' und beantworten Sie die Fragen auf Deutsch.

Tourismus und Klima

Spaniens Südküste wird zur Wüste, den Alpen fehlt Schnee und auf den Kanarischen Inseln gibt es Hurrikane. Für die deutsche Tourismusindustrie ist das alles von großer Bedeutung, denn sie verlässt sich darauf, dass Reisen auch künftig das beliebteste Hobby der Deutschen bleibt.

Wenn man in einigen Jahren den Urlaub in Spanien nur noch im klimatisierten Hotelzimmer verbringen kann, werden wahrscheinlich nördlichere Reiseländer den Mittelmeerraum als wichtigste Urlaubsgebiete ablösen. Wenn die Alpen durch die Klimaveränderungen im Winter unattraktiv werden, dann sind sie vielleicht in heißen Sommern eine angenehme Alternative. Der Skitourismus wird sich auf höhere Lagen konzentrieren müssen.

Die Tourismusbranche muss auch Verantwortung tragen für die Klimaschäden, die durch CO_2-Emissionen beim Fliegen entstehen. Wer den Dreck macht, muss auch dafür sorgen, dass er beseitigt wird. Und das kostet Geld. Führende Umweltpolitiker fordern eine Zusatzsteuer auf Flugtickets, genau wie in Frankreich und Großbritannien. Ein Teil des Geldes soll an Entwicklungsländer gehen, um diese im Kampf gegen Klimaveränderungen zu unterstützen. In Zukunft wird Fliegen wahrscheinlich wieder so elitär, wie es vor Jahrzehnten war – bevor die Billigflieger den Himmel eroberten.

Aber das Flugzeug ist nicht zu ersetzen. Da man nicht mit dem Fahrrad nach Mallorca fahren kann, läuft zur Zeit die Diskussion auch um die technische Entwicklung und Energieeffizienz von Flugzeugen – eine ähnliche Debatte wie im Automobilbereich. Dass die Deutschen auf Auslandsreisen verzichten werden, ist auf jeden Fall unwahrscheinlich.

Yasmin El-Sharif und Juliane Schäuble, Der Tagesspiegel, Berlin

    i   Welche Entwicklungen sind für die deutsche Tourismusindustrie von großer Bedeutung?

    ii Warum wird Spanien als Reiseziel an Bedeutung verlieren?

    iii Wie wird sich die Situation in den Alpen verändern?

    iv Wer muss die Verantwortung für die Konsequenzen der Emissionen aus Flugzeugen übernehmen, und warum?

    v Was wird man mit dem Geld von den Zusatzsteuern machen?

    vi In welchem Sinne kehren wir in die Vergangenheit zurück?

    vii Warum wird man das Flugzeug nicht ersetzen können?

  b 🔦 Lesen Sie den Text nochmal und machen Sie die Aufgabe online.

4 a 💡🎧 Hören Sie sich den Bericht über Mallorca an und machen Sie die Aufgaben online.

b 🎧 Hören Sie noch einmal zu und korrigieren Sie jeden Satz.

i Die See ist von März bis Oktober zum Baden ideal.

ii 1960 besuchten 36 000 Touristen Mallorca.

iii Heute liegt die Zahl der Einwohner Mallorcas bei rund 12 Millionen.

iv Die Bautätigkeit auf Mallorca war immer streng geregelt.

v ‚Umweltschutz' ist auf Mallorca immer noch ein Fremdwort.

vi Auf der Insel Dragonera gibt es heute einen Jachthafen.

vii Man hielt die Ökosteuer, die 2002 eingeführt wurde, für gerecht.

viii Das Geld, das durch die ‚Grüne Karte' eingenommen wird, finanziert neue Hotels.

ix Da Mallorca eine Insel ist, sind Lebensmittel knapp.

x Heute denken weniger Hotelmanager an den Umweltschutz.

xi Es kann im Sommer zehnmal so viele Inselbewohner wie Touristen geben.

xii Die Billigunterkünfte des 20. Jahrhunderts waren oft leer.

c Stellen Sie sich vor, Sie gehören einer Umweltorganisation an und interessieren sich für den sanften Tourismus. Sie haben gerade Urlaub auf Mallorca gemacht. Was hat Ihnen dort gefallen und was hat Sie schockiert? Schreiben Sie eine E-Mail an eine Freundin/einen Freund. Denken Sie an Folgendes:

- Anzahl von Touristen
- Kontakt mit der lokalen Bevölkerung
- Hotels und Campingplätze – alt und neu
- Natur und Umweltschutz – Grüne Karte, Straßenverkehr, Müll ...
- Was möchten Sie auf der Insel ändern?

5 a 🖎 Rollenspiel: Stellen Sie sich vor, man will ein neue Hotelanlage in einem bisher unbewohnten Naturgebiet errichten. Wie reagieren Sie auf die Pläne? Vertreten Sie die Ansichten der folgenden Personen:

- Person, die im Hotelgewerbe arbeitet
- Umweltschützerin/Umweltschützer
- Familie, die nicht viel Geld hat und billige Unterkunft braucht
- Person, die in der Nähe des Naturgebiets wohnt

b 💡 Gruppenarbeit. Lesen Sie die Voraussage für die Entwicklung des Tourismus in den nächsten 20 Jahren (sehen Sie sich das Arbeitsblatt an). Debattieren Sie dann den folgenden Standpunkt: „Der Massentourismus ist tot. In fünfzig Jahren werden sich nur die Reichen einen Auslandsurlaub leisten können."

💡 Grammatik

Use expressions of time

■ Time phrases without a preposition are usually in the accusative case, e.g.:
Wir waren **drei Monate** in Österreich.
Sie hat **den ganzen Tag** am Strand verbracht.

■ The genitive case is used in certain set expressions, e.g.:
eines Tages, eines Nachts (*even though* Nacht *is feminine*)

Some example of prepositions and expressions of time are:

■ für + *accusative*: *'for' when looking into the future, e.g.:*
Morgen fahre ich für eine Woche in die Schweiz.

■ nach + *dative*: *'after', e.g.:*
nach vielen Jahren

■ seit + *dative*: *'for' or 'since', usually referring to a period of time leading up to the present, e.g.:*
seit einer Woche, seit letztem Jahr

■ vor + *dative*: *'ago', e.g.:*
vor Jahrhunderten

🗝 Strategie

Avoid the passive

A neat way of avoiding the passive in German is to use *man* followed by an active verb, e.g.:

Kein Visum wird gebraucht.
– Man braucht kein Visum.
Es wurde gegessen und getrunken. – Man aß und trank.
Das Hotel ist geschlossen worden. – Man hat das Hotel geschlossen.

Now you should be able to:

- ■ Understand and produce the vocabulary to describe different types of holiday
- ■ Understand and express holiday preferences
- ■ Discuss the purposes and benefits of holidays
- ■ Discuss and evaluate changing attitudes to holidays
- ■ Understand and produce the vocabulary of 'green' tourism
- ■ Discuss the impact of tourism on holiday destinations
- ■ Consider likely changes in holiday patterns

Grammar

- ■ Use conditional sentences with *würde* + infinitive and the imperfect subjunctive
- ■ Use particles: *doch, ja, mal, schon*
- ■ Use expressions of time

Skills

- ■ Give and justify opinions
- ■ Understand and express statistics
- ■ Avoid the passive

■ Testen Sie sich!

1 Füllen Sie die Lücken aus.

In Schleswig-Holstein kann man Sand und Sonne ......, von Insel zu Insel ...... und eine Wattwanderung .... Man kann auch das Musikfest ....

2 Ergänzen Sie den Satz, um ein beliebtes Urlaubsziel zu beschreiben.

Am liebsten ...... ich ...... , weil ....

3 Was würden Sie machen, wenn Sie einen Flugschein für rund um die Welt und drei Monate Zeit hätten? Geben Sie zwei Details an.

4 Übersetzen Sie diesen Satz ins Englische.

Die nachwachsende Generation wird wahrscheinlich vom Ferntourismus träumen.

5 Es wird gesagt: „Die Vorfreude ist die schönste Freude". Was bedeutet ‚Vorfreude'?

6 Füllen Sie die Lücken aus.

Die Urlaubspreise haben sich ...... Durchschnitt ...... 3,9 Prozent erhöht. Einwöchige Reisen werden ...... deutschen Urlaubern ...... populärer.

7 Mit Reisen spricht man vom ‚sanften Tourismus'. Ergänzen Sie den Satz.

Um seinen Urlaubsort zu erreichen, ...

8 Warum wird sich der Skitourismus vielleicht auf höhere Lagen konzentrieren müssen? Geben Sie einen Grund an.

9 Füllen Sie die Lücken aus.

Bald fliege ich ...... eine Woche in die Schweiz. Ich fliege ...... Jahr dorthin. Aber diesmal warte ich schon ...... vier Tagen auf mein Flugticket. Hoffentlich kommt es ...... Montag.

AQA   Examiner's tips

Listening

Make sure you recognise the **distinction between *wurde* and *würde*.** *Wurde* either means 'became' or is part of a passive construction. *Würde* is the imperfect subjunctive and is used in conditional sentences, e.g. *Wenn ich reich wäre, würde ich ein neues Auto kaufen*.

Speaking

Remember to revise how to form the **comparative and the superlative** of adjectives for the speaking exams. They will come in handy when you want to describe statistics and figures.

Reading

In multiple choice type tests, only one of the options is correct but make sure you **read all options carefully** and not just tick off the first one that seems plausible enough.

Writing

Make sure you know the most common **false friends** in German, e.g. *aktuell, (sich) blamieren, Igel, Lohn, selbstbewusst, Warenhaus*.

Familie und Verwandtschaft

10 Familienbeziehungen

By the end of this chapter you will be able to:

	Areas of study	Grammar	Skills
A **Was sind gute Eltern?**	■ Understand and produce vocabulary to describe the role of parents and the attitudes of young people towards them ■ Describe a good relationship with your family	■ Use expressions in the infinitive	■ Find synonyms
B **Was ist ‚eine Familie'?**	■ Compare the changing models of family and parenting ■ Consider the importance of good parenting	■ Use possessive adjectives	■ Listen and re-listen
C **Brücken bauen**	■ Describe the role of grandparents and the wider family ■ Discuss ways to bridge the generation gap	■ Use the pluperfect tense	■ Anticipate answers in a recording or video

---

■ Wussten Sie schon?

Weltrekorde

Älteste Deutsche

Catherine Trompeter (geboren Katharina Weiss) wurde am 26. März 1895 im Elsass geboren – damals Teil des Deutschen Reiches. Seit der erneuten Zugehörigkeit des Elsasses zu Frankreich war sie französische Staatsangehörige. Sie starb am 18. November 2006 im Alter von 111 Jahren und 237 Tagen.

Mehrlinge

Die Dionne-Fünflinge waren die ersten bekannten überlebenden Fünflinge. Die fünf Mädchen Yvonne, Annette, Cécile, Emilie und Marie wurden am 28. Mai 1934 mit Hilfe des Landarztes und zwei Hebammen in einer Hütte ohne Wasser und Stromversorgung In dem Ort Corbeil im Norden der kanadischen Provinz Ontario geboren. Dies galt als eine Sensation, da die Wahrscheinlichkeit des Überlebens aller fünf Kinder bei eins zu 57 Millionen lagen.

■ Zum Aufwärmen

Was passt zusammen? Wählen Sie den richtigen Prozentsatz unten.

1 Kinder unter 18 Jahren mit drei oder mehr Geschwistern.

2 Kinder unter 18 Jahren, die Einzelkinder sind.

3 Alleinwohnende Männer in Deutschland.

4 Haushaltstypen, die Einpersonenhaushalte sind.

5 Mehrpersonenhaushalte, die entweder Ehepaare mit Kindern oder Ehepaare ohne Kinder sind.

6 25–30-Jährige in Deutschland, die ledig sind.

| 19,4% | 78,9% | 25,4% | 7,9% | 22% | 37,2% |

A   Was sind gute Eltern?

1 Wie sind Sie? Und Ihre Eltern? Wählen Sie Ihre Eltern oder zwei andere Personen aus Ihrer Familie und füllen Sie das Venn-Diagramm aus. Benutzen Sie entweder die unten stehenden Wörter oder Ihre eigenen Ideen.

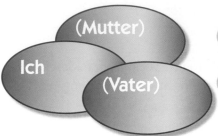

(Mutter)

Ich

(Vater)

locker
selbstbewusst
egoistisch
verantwortungslos
verantwortungsvoll
misstrauisch
ängstlich
pedantisch
peinlich

freundlich
humorvoll
ehrlich
vulgär
höflich
offen
ordentlich
unpünktlich

2 Lesen Sie den Artikel über Familienbeziehungen.

Lieber ein guter Streit als ein fauler Frieden!

Ich komme mit meinen Eltern nicht gut aus. Es gibt immer Krach wegen meiner Freunde, wie spät ich nach Hause komme, was ich gern anziehe. Ich kann mit ihnen über nichts reden – ich kann ihre kleinlichen Vorschriften nicht leiden. Was sind gute Eltern für mich? Gute Eltern sind nachsichtig, geduldig, einfühlsam und tolerant. Gute Eltern sind nicht selbstsüchtig. Probleme in einem offenen Gespräch lösen ist mir wichtig. Eltern und Kinder sollten Probleme gemeinsam bewältigen. Aber lieber ein guter Streit als ein fauler Frieden – es gibt nur faulen Frieden im Moment bei uns.

Christian

Ich verstehe mich sehr gut mit meinen Eltern. Ich wohne mit meiner Mutter und ihrem neuen Mann zusammen – er ist total kinderlieb und großzügig. Meine Eltern sind immer kompromissbereit und sie zeigen Respekt vor mir und meinem Bruder. Wir reden über alles und wir versuchen, andere Standpunkte zu verstehen. Wenn wir nicht übereinstimmen, versuchen wir, nicht wütend zu reagieren. Mein Bruder und ich wissen, dass Eltern für ihre Kinder verantwortlich sind, aber ab und zu gehen sie mir auf die Nerven – aber das ist normal, wenn man alle zusammen unter einem Dach wohnt! Was sind gute Eltern? Meine Eltern sind gute Eltern. Sie tun das Beste für uns und sie sind immer für uns da.

Katja

Ich komme sehr gut mit meiner Mutter aus, aber zwischen mir und meinem Vater gibt es eine unsichtbare Wand. Ich kann ihn nicht verstehen. Er wird oft böse mit mir und es gibt oft Streit wegen Kleinigkeiten. Meine Mutter ist auf meiner Seite und findet es schwierig, die Situation unter Kontrolle zu bringen. Er ärgert mich und wir reden nie offen. Gute Eltern sollen emotionale Geborgenheit für die Kinder schaffen. Ich fühle mich bei meiner Mutter geborgen, aber nicht bei meinem Vater. Jeder Mensch hat etwas ganz Besonderes, aber was meinen Vater betrifft, den finde ich egoistisch und arrogant.

Habib

a **Was passt zusammen, 1–7 und a–g?**

1	kleinliche Vorschriften	a	froh, seine Zeit und sein Geld zu teilen
2	ein Problem lösen	b	sie ärgern mich
3	großzügig		
4	sie gehen mir auf die Nerven	c	Krach
5	alle zusammen unter einem Dach	d	eine Aufgabe erklären
		e	unbedeutende Verhaltensregelungen
6	eine unsichtbare Wand	f	ein virtuelles Hindernis
7	Streit	g	alle in einem Haus

b **Wer ist das? Christian, Katja oder Habib?**

i Kommt mit den Eltern aus.

ii Hat zu seinem Vater kein gutes Verhältnis.

iii Hat zur Zeit viele Probleme mit den Eltern.

iv Seine/Ihre Mutter findet die Situation zu Hause ziemlich schwierig.

v Findet, dass das Leben nicht immer einfach ist, obwohl die Eltern versuchen, alles richtig zu machen.

vi Versucht, nicht verärgert zu reagieren.

vii Glaubt, dass alle Leute begabt und wichtig sind.

viii Denkt, dass ein Krach besser ist, als unehrlich zu sein!

c 🖳 Machen Sie vollständige deutsche Sätze online.

3 🖳🎧 Hören Sie sich sechs Teenager an, die Familienbeziehungen diskutieren, und machen Sie die Aufgaben online.

4 🖳 Wie ist die Situation in Ihrer Familie? Sind Ihre Eltern ‚gute Eltern'? Benutzen Sie diese sechs neuen Strukturen in Ihrer Antwort.

- es kommt nicht in Frage
- ein Kind verwöhnen
- die Verantwortung für Entscheidungen teilen
- sich über jemanden lustig machen
- bei etwas (+ dativ) ein Auge zudrücken
- sich von jemandem nichts sagen lassen

💡 Grammatik

Use expressions in the infinitive

In German reference materials, you will often find expressions in the **infinitive form**. When using them you may need to change both the **inflections** on the words (i.e. different cases/pronouns/verb endings) as well as the **word order**. Here are a few examples:

▪ vor jemandem Respekt haben – Ich habe Respekt vor meiner Mutter.
Here the word order has altered, the *ich* ending for the present tense of *zeigen* added, and the dative female form of *mein* used.

▪ sich mit jemandem verstehen – Verstehst du dich mit deinem Bruder?
Here the reflexive part of the verb, *dich*, needed to be added.

▪ mit jemandem gut auskommen – Sie kommt mit ihrer Mutter gut aus.
Here the separable part of the verb, *aus*, needed to be taken into account.

🔱 Strategie

Find synonyms

1 Consider the **word class** of the synonym or phrase that you are looking for, e.g. noun, verb, etc.

2 Sometimes the question will contain a **paraphrase** rather than a synonym – take care to look at the meaning of the description.

3 If you are allowed to use reference materials, use a **thesaurus**.

4 Interviewen Sie Ihre Partnerin/Ihren Partner.
- Was für eine Person sind Sie?
- Kommen Sie gut mit Ihrer Familie aus?
- Worüber streiten Sie?
- Können Sie mit Ihren Eltern über Probleme sprechen?
- Was sind gute Eltern?

B Was ist ,eine Familie'?

Vokabeln

die Verwandtschaftsgruppe *group of relatives*

der Kulturkreis *culture group/area*

überwiegend *prevailing*

vorherrschend *predominant*

gesellschaftlich *social*

erheblich *considerable*

die Einbeziehung(en) *inclusion*

die Entscheidung(en) *decision*

der Haupternährer(-) *main breadwinner*

die Kindererziehung(-) *raising the children*

der Wandel(-) *change*

die Scheidungsrate(n) *divorce rate*

Schlüsselausdrücke

Family relationships

sich geborgen fühlen

meine Eltern/Geschwister nerven mich

für einander Zeit haben

sich verlassen können auf ... (+ *accusative*)

der Zusammenhalt/das Vertrauen innerhalb der Familie

jemandem Freiraum lassen

ich möchte heiraten/mit einem Partner/einer Partnerin zusammenleben

die klassische Vater-Mutter-Kind-Familie

Muss eine Familie aus Blutsverwandten bestehen?

Meine Privatsphäre ist mir wichtig.

Entscheidend ist, dass/ob ...

Und dazu kommt noch, dass ...

das Für und Wider

Das ist doch ein Klischee.

Von Bedeutung ist auch ...

sich streiten mit (+ *dative*)

1 💡 Wer sagt was? Machen Sie die Aufgabe online.

2 a Lesen Sie den Artikel über Familienformen.

Familien, Kinder und Familienpolitik

Was versteht man unter dem Begriff ,Familie'? Unter einer Familie versteht man in der Soziologie eine engere Verwandtschaftsgruppe und im westlichen Kulturkreis versteht man heute unter ,Familie' meist die sogenannte Kernfamilie, das heißt Vater, Mutter und deren Kinder. Die Kernfamilie erscheint in der Tat in fast jeder modernen Gesellschaft als überwiegend vorherrschendes Modell, aber das entspricht nicht immer der gesellschaftlichen Erwartung.

Historisch betrachtet gibt es in Europa eine ganze Reihe von Familienformen. Die Großfamilie besteht aus einer größeren Gruppe von Verwandten mehrerer Generationen. Seit dem Mittelalter sieht man vor allem in Westeuropa eine erhebliche Variation in der Anzahl der Familienmitglieder, zusammenwohnender Generationen und Einbeziehung Nicht-Blutsverwandter (Hauspersonal, au pair).

Seit Mitte des 19. Jahrhunderts verbreitet sich in Europa die Vorstellung der so genannten ,Kernfamilie'. Diese sieht oft folgendermaßen aus: ein verheiratetes Elternpaar, das meist aus Liebe geheiratet hat; eigene Kinder, für die man sich kaum mehr aus wirtschaftlichen Gründen entscheidet; lebenslange Ehe (auch Monogamie und heterosexuelle Ehe) und eine traditionelle Rollenverteilung (Vater als Haupternährer, Mutter für den Haushalt und die Kindererziehung verantwortlich).

Durch den Wandel der Lebensformen seit den sechziger Jahren konkurriert die moderne Kernfamilie mit zahlreichen anderen alternativen Lebensformen. Durch die hohe Scheidungsrate gibt es außerdem immer mehr Stieffamilien, Familien mit alleinerziehenden Eltern und Adoptivfamilien. Unsere Vorstellungen haben sich immer mehr verändert und viele finden, dass man nicht mehr heiraten muss. Die Zahl der nichtehelichen Lebensgemeinschaften und Einpersonenhaushalte ist gestiegen und man sieht auch mehr gleichgeschlechtliche Lebenspartnerschaften (eine Regenbogenfamilie, wenn auch Kinder dazugehören). Die Anzahl der Personen, die nicht zusammen wohnen, jedoch in einer festen Bindung leben, nimmt heutzutage ebenfalls zu.

b Schreiben Sie einen Lexikoneintrag für die folgenden Begriffe. Benutzen Sie Ideen vom Text.

i eine nichteheliche lebenslange Bindung

ii eine Wohngemeinschaft

iii eine Kernfamilie

iv eine Stieffamilie

v eine Regenbogenfamilie

vi die Großfamilie

vii eine Adoptivfamilie

viii alleinerziehende Eltern

3 a Arbeiten Sie mit einer Partnerin/einem Partner zusammen. Was sind die Vor- und Nachteile der verschiedenen Familienformen?

b 💡🎧 Hören Sie sich vier Personen an, die über ihre Familien diskutieren und machen Sie die Aufgabe online.

c 💡🎧 Hören Sie noch einmal zu und machen Sie Notizen zu jeder Person auf dem Arbeitsblatt. Arbeiten Sie mit einer Partnerin/einem Partner zusammen und beantworten Sie die Fragen zu jeder Person.

   i   Wie sieht deine Familie aus?

   ii Wie findest du das Familienleben?

   iii Was ist dir in einer Familie wichtig?

   iv Was für eine Familie möchtest du später einmal haben?

d 🖊 Arbeiten Sie mit einer Partnerin/einem Partner zusammen. Beantworten Sie die Fragen oben mit Bezug auf sich selbst.

4 💡 Was heißt ‚eine Familie' für Sie? Gibt es Ihrer Meinung nach eine ideale Familie? Wie sieht sie aus? Was ist in einer Familie am wichtigsten für Sie?

5 💡 Was sagen die Statistiken? Machen Sie die Aufgaben online.

💡 Grammatik

Use possessive adjectives

■ Possessive adjectives are used with nouns to show possession. Note the change of meaning associated with capital letters for *ihr*.

mein	*my*	unser	*our*
dein	*your*	euer	*your (pl)*
sein	*his*	ihr	*their*
ihr	*her*	Ihr	*your (formal)*
sein	*its*		

■ Possessive adjectives decline according to the gender, case and number of the noun they accompany. The declensions follow the same pattern as *ein/eine*.

	masculine	feminine	neuter	plural
nominative	mein	meine	mein	meine
accusative	meinen	meine	mein	meine
genitive	meines	meiner	meines	meiner
dative	meinem	meiner	meinem	meinen

■ Remember that when you use the genitive masculine and neuter (*meines*) and also dative plural (*meinen*) forms, the noun may also have an ending:
der Geburtstag meines Vaters   *my father's birthday*
die Tür meines Zimmers   *the door to my room*
ein gutes Verhältnis mit seinen Kindern   *a good relationship with his children*

🔊 Strategie

Listen and re-listen

When tackling a longer and more complicated listening exercise try the following techniques.

1 Read the questions or consider the task you are asked to do. Are there any clues in the activity title, questions or illustrations?

2 Listen to the recording all the way through. Try to understand the gist of what is going on by catching words and phrases that you know.

3 What note-taking method works best for you? Writing things down in German or in English? Drawing symbols? Make notes as quickly as you can, then answer the questions (using the correct wording!) afterwards.

4 Many questions are based on synonyms and paraphrases. Listen out for words and phrases which mean the same as the phrases in the question.

C Brücken bauen

1 Inwiefern unterscheiden sich die Meinungen und Erfahrungen der jüngeren Generation von denen der älteren Generation? Nennen Sie 10 Bereiche. Sind Sie alle damit einverstanden?

2 a 💡 Lesen Sie den Artikel über den Generationenkonflikt und machen Sie die Aufgaben online.

Brücken bauen zwischen Generationen

Der Generationenkonflikt betrifft entweder eine Konfliktsituation zwischen jungen Leuten und der älteren Generation oder eine Auseinandersetzung zwischen zwei verschiedenen Generationen. Es gibt zum Beispiel eine Generation ‚Jugend', die sich von ‚den Alten' nicht respektiert fühlt oder zu diversen Themen eine andere Meinung hat. Es gibt etablierte, ältere Generationen, die ihre Macht möglichst weiterhin behalten wollen. Diese Generationen geraten dann mit jüngeren, weniger etablierten Generationen in Konflikt.

„Neue Brücken bauen … zwischen Generationen, Kulturen und Institutionen" ist ein Programm der Landesstiftung Baden-Württemberg. Es gibt interessante Veranstaltungen, in denen Brücken zwischen Generationen gebaut werden. Senioren und junge Leute aus denselben Familien studieren und lernen zusammen, um ein besseres Verständnis für einander zu bekommen. Das heißt ‚intergeneratives Lernen'.

Die folgenden Beispiele bieten einen kurzen Einblick in das Projekt:
• Jugendliche gestalten monatliche Seminare, Workshops und Veranstaltungen für Senioren/Seniorinnen.
• Das Konzept des ‚Tandem-Lernens' (intergeneratives Lernen) wird etabliert und verbreitet.
• Einführungen ins Internet und andere moderne Kommunikationstechniken („Kids unterrichten die Großeltern") werden angeboten.
• Senioren erinnern sich und vermitteln Bildungserlebnisse (z.B. historische Themen, „Ich war dabei".)

Helena (82) und ihr Enkel, Johann (21), verstanden sich nicht gut, bevor sie sich im Projekt engagierten.

Helena: „Es hat so viel Spaß gemacht! Johann hat mir beigebracht, wie man im Internet surft. Er hat auch versucht, mir SMSen beizubringen, aber das konnte ich nicht. Ich bin nicht mit den neuen Technologien zurecht gekommen, aber Johann und ich verstehen uns jetzt gut. Ich weiß, dass sich alles geändert hat, aber Johann ist verständnisvoll und hat mir auch viele Fragen über das Leben in den 40er und 50er Jahren gestellt. Ich hatte gedacht, dass junge Leute respektlos und frech sind, aber seitdem ich zum Projekt eingeladen worden bin, finde ich, dass doch einige gute Bürger sind! Es wird immer Rowdys geben, aber unter alten Leuten genauso wie unter den Jungen! Die Geschichten aus dem Altersheim habe ich Johann schon berichtet!"

Unter dem Begriff ‚Generationenkonflikt' versteht man den kulturellen, sozialen oder wirtschaftlichen Gegensatz zwischen verschiedenen Generationen. Die verschiedenen Werte und Interessen von jungen und älteren Generationen braucht man nicht anzunehmen, aber man muss sie verstehen. Das kommt nur durch Kontakt und Gespräche und das ist die Basis des Projekts.

Vokabeln

entweder ... oder *either ... or*

die Auseinandersetzung (en) *disagreement*

geraten *to become*

die Veranstaltung(-en) *function, conference*

verbreiten *to widen, to roll out*

vermitteln *to convey*

beibringen *to teach*

einladen *to invite*

der Gegensatz(¨e) *opposite*

die Gespräche (pl) *conversations*

b Beantworten Sie die folgenden Fragen auf Englisch.

i What two definitions of the generation gap are given?

ii What example is given?

iii What is the „Brücken bauen zwischen Generationen" project?

iv Give two examples of activities that the project offers.

v Where did Johann see success? What did he also try to teach his grandmother?

vi How has Helena's attitude towards her grandson and other young people changed?

vii What, according to Helena, have the older and younger generations got in common?

viii What principles of the project are mentioned? How do these help bridge the generation gap?

3 a Schauen Sie sich das Video „Interview mit einer Großmutter und ihrer Enkelin" an und machen Sie die Aufgabe online.

b Beantworten Sie die Fragen auf Deutsch.

i Warum ist das Verhältnis zwischen Großmutter und Enkel in einer typischen Familie oft gut? Geben Sie drei Beispiele.

ii Was findet Susanne positiv an ihrem Verhältnis mit der Oma?

iii Was ist direkt nach dem Kriegsausbruch passiert?

iv Was war nach der Geburt von Claudias zweitem Kind passiert?

v Was denken viele alte Leute über Jugendliche?

vi Was ist Claudias Meinung dazu?

vii Was wollen junge Leute laut Susanne?

viii Was sind Susannes Pläne für die Zukunft?

ix Inwiefern sind Susanne und Claudia verschieden?

c Rollenspiel. Arbeiten Sie zu zweit und tauschen Sie dann die Rollen.

Interviewer und Claudia

i Welche Erfahrungen im Leben haben Sie gemacht?

ii Was denken alte Menschen über Jugendliche?

iii Wie finden Sie das Benehmen junger Leute?

Interviewer und Susanne

iv Inwiefern haben Sie ein gutes Verhältnis zu Ihrer Großmutter?

v Wie stellen Sie sich Ihr Leben vor?

vi Welche Unterschiede gibt es zwischen Ihnen und Ihrer Großmutter?

4 Die Rolle der Großeltern. Denken Sie an Ihre Großeltern oder an andere ältere Leute in Ihrer Familie. Was für eine Rolle sollen sie spielen? Bereiten Sie, was Sie sagen wollen, vor. Diskutieren Sie dann mit einer Partnerin/einem Partner.

- Wie sollen sie sein?
- Was sollen sie tun?
- Was sollen sie **nicht** tun?
- Was ist am wichtigsten für Sie?
- Was ist gar nicht wichtig?

5 Großeltern, Eltern, Erwachsene – Konflikte, Probleme, immer noch da! Schreiben Sie einen Artikel für eine Jugendzeitschrift, in dem Sie Ihre Einstellung zu diesem Thema beschreiben.

Schlüsselausdrücke

Conflict

Das Verhältnis zu meinen Eltern ist …

Es gibt Krach wegen (+ *genitive*)

wütend reagieren

nicht derselben Meinung sein

jemandem ständig Vorwürfe machen

einen Ordnungstimmel haben

sich immer wegen der gleichen Kleinigkeiten streiten

mehr Verständnis zeigen

ein Recht auf sein eigenes Leben haben

ganz andere Ideen haben

sich mehr in mich hineinfühlen

toleranter sein

am Aussehen herumkritisieren

Grammatik

Use the pluperfect tense

The pluperfect tense is used to describe something that **had happened**. It is formed with the imperfect tense of *haben* or *sein*, depending on which auxiliary is used for the perfect tense, followed by the past participle.

ich hatte gemacht   *I had done*
ich war gegangen   *I had gone*

Ich **hatte** fast **aufgegeben**, als ich es endlich schaffte. *I had almost given up, when I finally managed it.*

Du **warst** schon bei deiner Oma **angekommen**, als ich dich anrief. *You had already arrived at your granny's when I rang you.*

Strategie

Anticipate answers in a recording or video

Use the following strategies with a listening or video activity.

1 First read the **title** and the **questions** carefully. What clues do they give you? What is the text about?

2 Before you listen to the recording, use your **general knowledge** to think of possible answers to the questions.

3 Use any **contextual information** you have: Are there any **pictures** to indicate a theme? If it is a video recording, use the images and expressions on people's faces to help you.

4 For most activities, the questions will come in **the order of the recording**.

Now you should be able to:

- Understand and produce vocabulary to describe the role of parents and the attitudes of young people towards them
- Describe a good relationship with your family
- Compare the changing models of family and parenting
- Consider the importance of good parenting
- Describe the role of grandparents and the wider family
- Discuss ways to bridge the generation gap

Grammar

- Use expressions in the infinitive
- Use possessive adjectives
- Use the pluperfect tense

Skills

- Find synonyms
- Listen and re-listen
- Anticipate answers in a recording or video

■ Testen Sie sich!

1 Bringen Sie die Wörter in die richtige Reihenfolge.

aus sehr meinem mit ist komme Bruder weil ich ganz gut locker er

2 Ergänzen Sie den Satz.

Um zu Hause gut miteinander auszukommen, sollte man … .

3 Übersetzen Sie ins Englische.

Wenn wir mal geteilter Meinung sind, versuchen wir, nicht wütend zu reagieren.

4 Füllen Sie die Lücken aus.

Gute Eltern sind immer …… und ……, aber nie …… . Sie …… .

5 Ergänzen Sie den Satz.

Die Kernfamilie besteht normalerweise aus … .

6 Füllen Sie die Lücken aus.

Ich wohne jetzt mit mein…… Vater und sein…… neuen Frau zusammen. Mein…… Mutter wohnt in Köln. Ich bin glücklicher seit der Trennung mein…… Eltern.

7 Was bedeutet eine „nichteheliche, lebenslange Bindung"?

8 Es handelt sich um den Generationskonflikt. Ergänzen Sie den Satz.

Der Generationskonflikt ist … und um ein engeres Verhältnis zwischen den Generationen aufzubauen, sollte man …

9 Bringen Sie die Wörter in die richtige Reihenfolge:

diesem teilnahm ich nichts bevor Projekt hatte vom gewusst ich an Internet

10 Warum ist das Verhältnis zwischen Großmutter und Enkel in einer Familie oft gut? Geben Sie zwei Gründe an.

AQA Examiner's tips

Listening	Speaking	Reading	Writing
Become familiar with vocabulary **expressing opinion** (e.g. *glauben, meinen, sind der Meinung, nach Ansicht* + genitive).	Have and make use of a **range of opinion expressions** e.g. *ich denke; ich finde; meiner Meinung nach; ich bin der Meinung; meine persönliche Erfahrung ist, dass …*	Make sure you **interpret the verbs** in the text correctly. When you come across *haben* or *sein* in the main verb position, check whether it is being used as an auxiliary verb in a compound tense, i.e. in the perfect or pluperfect. Look for a past participle.	Use the proper conventions for different types of written response, e.g. letters, e-mails, etc. and practise them.

Familie und Verwandtshaft

11

Freundschaften

By the end of this chapter you will be able to:

	Areas of study	Grammar	Skills
A **Freunde fürs Leben**	■ Understand and produce vocabulary to describe the roles and importance of friends ■ Consider the characteristics of good friends	■ Use adjectival endings	■ Complete cloze texts
B **Mein Kummerkasten**	■ Discuss conflicts with friends and possible strategies used to deal with them	■ Use compound tenses (1) Future perfect	■ Write creatively
C **Frauen regieren die Welt**	■ Talk about the importance of love ■ Discuss the difference between friendship and love	■ Use compound tenses (2) Conditional and conditional perfect	■ Listen to authentic songs in German

---

■ Wussten Sie schon?

Das Kleine-Welt-Phänomen

Das **Kleine-Welt-Phänomen** ist ein von Stanley Milgram 1967 geprägter soziologischer Begriff. Er bezeichnet eine Hypothese, nach der jeder Mensch auf der Welt mit jedem anderen über eine überraschend kurze Kette von Bekanntschaftsbeziehungen verbunden ist (angeblich oft nur sechs oder sieben). Das Konzept, insbesondere die „*Six Degrees of Separation*", fand schnell Akzeptanz in der Wissenschaft und Einzug in die Popkultur.

Können Sie eine Verbindung zwischen jemandem in der Klasse und den folgenden Personen finden?

Madonna, Brad Pitt, Gordon Brown, Prince Charles, Angela Merkel, Tim Henman

■ Zum Aufwärmen

Hier sind einige Abkürzungen, die im deutschsprachigen Netzjargon gebräuchlich sind, das heißt, die häufig in Instant Messengern oder Kontaktanzeigen benutzt werden. Arbeiten Sie mit einer Partnerin/einem Partner. Was passt zusammen?

ILD   mMn   n8   kA   kP   FG   BB   HDL

i   keine Ahnung
ii   (ich) hab' dich lieb
iii   meiner Meinung nach
iv   bis bald
v   ich liebe dich
vi   kein Problem
vii   freundliches Grinsen
viii   (gute) Nacht

A   Freunde fürs Leben

Vokabeln

die Vorstellung(en) *perception*
die Eigenschaft(en) *characteristic*
der Umzug("e) *the house move*
der Misserfolg *disappointment*
die Eigenart(en) *eccentricity*
die Vorliebe(n) *preference*

Schlüsselausdrücke

Friendship (1)

nie jemanden belügen
jemanden niemals im Stich lassen
Man soll über alles sprechen können.
Da hört die Freundschaft aber auf.
wegen einer Sache Streit bekommen

1 Vervollständigen Sie die Sätze. Wenn der Satz sinnvoll ist, bekommen Sie einen Punkt. Sie bekommen drei Punkte, wenn Sie eine Idee haben, die niemand anders hat.

i Ein guter Freund ist immer _____.

ii Ein _____ Freund hat nie Zeit für dich.

iii Wenn man sich _____ fühlt, ist ein guter Freund immer da.

iv Ein guter Freund ist nie _____.

v Mit guten Freunden kann man über alles reden, zum Beispiel _____.

vi Zwischen Freunden soll es immer _____ geben.

vii Freundschaft in Wörter zu fassen ist _____.

viii In einer Freundschaft ist _____ am wichtigsten.

2 a Lesen Sie diese Aussagen über Freundschaften. Sind Sie eine gute Freundin/ein guter Freund? Zählen Sie Ihre Punkte zusammen und lesen Sie die Auswertung. Was für eine Freundin/ein Freund sind Sie? Stimmen Sie damit überein?

Sind Sie eine gute Freundin/ein guter Freund?

1 = stimmt gar nicht
2 = stimmt vielleicht nicht
3 = stimmt teilweise
4 = stimmt vielleicht schon
5 = stimmt völlig

Sie haben sicher bestimmte Vorstellungen, was Sie von einer guten Freundin oder einem guten Freund erwarten. Aber haben Sie selber die Eigenschaften, die für eine Freundschaft wichtig sind? Geben sie jeder Aussage unten (i–xii) eine Nummer.

i Es tut mir gut, manchmal mit Anderen über die Schwächen meiner besten Freunde zu reden.

ii Einem guten Freund merke ich sofort an, wenn ihn etwas bedrückt, ohne dass er etwas sagen muss.

iii Wenn ich einem guten Freund beim Umzug geholfen habe, dann erwarte ich auf jeden Fall zumindest eine Einladung zu einem tollen Essen.

iv Wenn ich ein Problem habe, bitte ich auf jeden Fall meinen besten Freund um Rat.

v Ein passendes Geschenk für einen guten Freund zu finden, fällt mir immer sehr schwer.

vi Es kam schon vor, dass mich ein guter Freund spät nachts angerufen hat, weil es ihm sehr schlecht ging.

vii Was andere über meine besten Freunde denken, ist mir völlig egal.

viii Ich rufe meinen besten Freund sehr oft an, um ihm zu erzählen, was in meinem Leben so vorgeht.

ix Mein Motto ist: Leben und leben lassen.

x Für meinen besten Freund nehme ich mir immer viel Zeit.

xi An Misserfolgen in meinem Leben waren oft Andere schuld.

xii Eigenarten und persönliche Vorlieben machen einen Menschen erst richtig liebenswert.

1–20 Als Freundin/Freund sind Sie ziemlich mies. Lernen Sie, besser zuzuhören und kümmern Sie sich mehr um Andere.

21–40 Als Freundin/Freund liegen Sie im Mittelfeld. Ihre Kommunikationsfähigkeiten sind ausbaufähig, aber Sie sind auf dem richtigen Weg.

41–60 Als Freundin/Freund sind sie erstklassig. Sie sind zuverlässig, können gut zuhören und das Wohl Anderer liegt Ihnen am Herzen.

b 💡 Lesen Sie den Text noch einmal und machen Sie die Aufgabe online.

3 💡🎧 Hören Sie sich die Meinungen von Paula, Karl und Nicola an und machen Sie die Aufgabe online.

> „Liesl und Hannah sind seit der Schulzeit gute Freundinnen. Liesl ist geduldig, großzügig und locker. Hannah hingegen ist egoistisch und oft hat sie keine Zeit für Liesl. Liesl hat jetzt die Nase voll. Willkommen zur Arabella Talkshow …"

4 🖎 Die Arabella-Talkshow. Arbeiten Sie in Dreiergruppen und spielen Sie eine Szene der Arabella-Talkshow. Interviewen Sie zwei Personen – einen guten Freund und einen weniger guten Freund.

i   Bist du ein guter Freund?

ii   Wie ist ein guter Freund? Wann ist ein Freund kein Freund?

iii   Was macht jemanden zu einem guten Freund? Und wann ist mit der Freundschaft etwas nicht in Ordnung?

iv   Warum ist die Freundschaft mit deinem ehemaligen besten Freund auseinander gegangen?

v   Kann man mehr als **einen** besten Freund haben?

5 💡 Was ist ein guter Freund? Lesen Sie die E-Mail. Wie reagieren Sie auf diese Meinungen? Was ist eigentlich neulich passiert? Schreiben Sie eine Antwort an Anna.

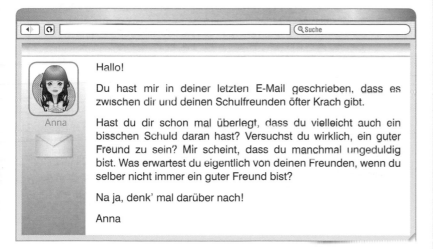

> Hallo!
>
> Du hast mir in deiner letzten E-Mail geschrieben, dass es zwischen dir und deinen Schulfreunden öfter Krach gibt.
>
> Hast du dir schon mal überlegt, dass du vielleicht auch ein bisschen Schuld daran hast? Versuchst du wirklich, ein guter Freund zu sein? Mir scheint, dass du manchmal ungeduldig bist. Was erwartest du eigentlich von deinen Freunden, wenn du selber nicht immer ein guter Freund bist?
>
> Na ja, denk' mal darüber nach!
>
> Anna

Friendship (2)

nicht mehr miteinander reden

sich wieder vertragen

offen über etwas reden

jemandem hundertprozentig vertrauen

Wir haben uns über (+ *accusative*) gestritten.

💡 Grammatik

Use adjectival endings

When adjectives are used before a noun they must have the appropriate adjectival ending. These endings change according to the **gender**, **number** and **case** of the noun. There are three sets of endings depending upon whether the noun comes after the definite article, the indefinite article or no article at all.

▪ Endings following the definite article (and *dieser, jener, jeder, mancher, welcher, solcher* as well as *alle* in the plural) are called **weak endings**.

▪ Endings following the indefinite article (*ein/eine, kein/keine*), and possessive adjectives (*mein, dein, sein, ihr, unser, euer, ihr, Ihr*) are called **mixed endings**.

▪ Adjectival endings where the adjective is not preceeded by any kind of article are called **strong endings**. Strong endings are used after *ein paar, einige, wenige, manche, viele* and numbers.

🗂 Strategie

Complete cloze texts

When completing cloze text exercises the following process may be useful.

▪ If a **list of words** is given, use this as a starting point. Notice whether or not you must make grammatical changes to the words in the list.

▪ Look at the gaps. Identify the **kind of word** which is missing (noun, verb, adjective, adverb, article, preposition, etc.).

▪ For a **noun**, look for clues as to the **gender, case** and **number** of the missing word.

▪ For an **adjective**, look for clues as to the **gender, case** and **number** of the missing word. Consider also the type of endings, i.e. weak, mixed or strong.

▪ For a verb, look for clues as to the **person, number** and **tense** of the missing word. Think of word order too.

B   Mein Kummerkasten

1 💡 Was wäre das Schlimmste, das ein Freund Ihnen antun könnte?

2 a Mein Kummerkasten. Welches Problem (i–iii) passt zu welcher Lösung (A–C)?

Startseite | Index | Hilfe | Kontakt | Textversion

FAQ

Was gibt's Neues?

Links

Seitenanfang

i

Anfang des Schuljahres ist ein Junge neu in die Klasse gekommen. Jetzt wollen alle sein Freund sein. Nur ich nicht. Und jetzt bin ich anscheinend arrogant, bloß weil ich ihn nicht mag. Der Neue kommt sich cool vor und macht alles, aber wirklich alles, damit er Freunde gewinnt. Ich habe etwas Angst vor ihm – er manipuliert die Anderen in der Klasse und ich finde ihn unzuverlässig. Meine beste Freundin ist total in ihn verknallt und sie hat mir oft erzählt, dass er nett ist, doch wie kann ich sie vom Gegenteil überzeugen?

ii

Hey!
Meine Freundin ist sauer auf mich, weil sie mich mit jemandem gesehen hat, den sie hasst. Diese Person war ihr ehemaliger Freund, aber das wusste ich nicht! Wir spielen in der gleichen Fußballmannschaft und ich kann ihm nicht aus dem Weg gehen. Jetzt verlangt meine Freundin, dass ich aus dieser Mannschaft raus soll, aber das finde ich unmöglich. Ich will weder mit meiner Freundin Schluss machen, noch die Mannschaft verlassen. Was soll ich tun?
Danke im Voraus.

iii

Ich hab' ein riesiges Problem! Letztes Wochenende war ich auf einer Party, wo der Freund meiner besten Freundin auch war. Wir haben uns immer gut verstanden und auf der Party haben wir zusammen rumgeknutscht. Es ist einfach so geschehen und ich will jetzt auch nicht mit ihm gehen, weil er mit meiner besten Freundin geht. Meine Freundin wird es sicher bald herausfinden, weil so viele aus der Klasse auch auf der Party waren!! Wenn ich es meiner Freundin sage, wird sie nichts mehr mit mir zu tun haben wollen und ich will meine Freundin nicht verlieren.

Schlüsselausdrücke

Advice

Denken Sie noch einmal genau nach.

Meines Wissens ist es so: ...

Oft hilft es schon, wenn ...

Oft wird es kompliziert, wenn ...

Sehen Sie es doch mal aus ihrer/seiner Sicht.

Versuchen Sie einfach ... zu ...

Aber ich würde ehrlich sagen, dass ...

Sagen Sie, dass eine ehrliche Antwort wichtig ist.

Sagen Sie Ihrer besten Freundin/Ihrem besten Freund, dass ...

Sprechen Sie Ihre Freundin/Ihren Freund darauf an ...

Ich bin mir sicher, dass sie/er Ihr bald wieder verzeihen wird, wenn ...

Ich wünsche Ihnen alles Gute, liebe Grüße!

A

Keine Sorge. So schlimm wie es im Moment aussieht, wird es sicher nicht lange bleiben. Setz dich mal in Ruhe mit deiner Freundin hin und erkläre ihr, dass du dem Anderen nicht aus dem Weg gehen kannst. Wenn sie noch sauer auf dich ist, kannst du dich nur entschuldigen und ihr dann Zeit geben, darüber in Ruhe nachzudenken. Ich bin mir sicher, dass sie bald wieder anderer Meinung sein wird, wenn ihr auch etwas an eurer Freundschaft liegt.

B

Ich würde es lieber selbst beichten, als darauf zu warten, dass sie es von jemand anderem herausfindet. Das ist dann nämlich meistens doppelt so schlimm. Denn dann kommt zum Betrug auch noch das Lügen und Verschweigen dazu. Ob sie es dir verzeihen kann, weiß ich nicht; das wirst du auf dich zukommen lassen müssen.

C

Sieh es doch mal aus seiner Sicht: Er kommt neu in die Klasse und natürlich möchte er Freunde und Anschluss finden. Das würde dir ja auch nicht anders gehen. Versuch erst mal, ihn wirklich kennen zu lernen, danach kannst du dir immer noch ein Urteil über ihn bilden. Aber so fair solltest du schon sein. Vielleicht hat deine Freundin Recht. Kennt sie ihn von einer anderen Seite? Oder bist du vielleicht sauer, dass er so cool ist und neue Freunde gewinnt?

b Um welche E-Mail handelt es sich hier?

   i   Ich kann ihn nicht leiden!

   ii   Die Wahrheit sagen ist sehr wichtig.

   iii   Vielleicht hast du die Situation falsch verstanden.

   iv   Ich habe etwas Blödes gemacht.

   v   Gemeinsam über Schwierigkeiten sprechen wird die Situation verbessern.

   vi   Ich habe jetzt ein Problem, aber für die Ursachen bin ich nicht verantwortlich.

c Umschreiben Sie die Probleme und vorgeschlagenen Lösungen oben. Machen Sie eine Tabelle und füllen Sie sie aus.

	Problem	Lösung
i		
ii		
iii		

d 🖳 Lesen Sie ein weiteres Problem und die vorgeschlagenen Lösungen online und fügen Sie die entsprechenden Satzteile zusammen.

3 a 🖳🎧 Hören Sie gut zu. Welche Probleme werden erwähnt?

i sich Geld leihen und es nicht zurückgeben

ii hinter meinem Rücken über mich sprechen

iii mich anlügen

iv zu ehrlich sein, wenn es verletzend ist

v mich links liegen lassen, wenn sie einen neuen Freund hat

vi erwarten, dass ich mit niemand anderem Zeit verbringen soll

b 🖳🎧 Hören Sie noch einmal zu und machen Sie die Aufgaben online.

4 🖳 Gruppenspiel „Haben Sie keine Hemmungen?" Was würden Sie tun? Schreiben Sie acht Situationen mit drei möglichen Reaktionen auf.

Beispiel: _____

Was machen Sie wenn Ihre Freunde Ihnen ein Geheimnis anvertrauen?

  i Ich behalte es für mich und erzähle es niemand weiter.

  ii Die Versuchung, es weiterzuerzählen, ist wirklich groß.

  iii Ich erzähle es auf jeden Fall sofort weiter.

5 Klassenkummerkasten. Stellen Sie sich vor, Sie möchten einen Ratschlag vom Kummerkasten. Entwerfen Sie eine E-Mail. Tauschen Sie die E-Mail mit jemandem in der Klasse. Schreiben Sie die Ratschläge zu dem Problem auf.

💡 Grammatik

Use compound tenses (1) Future perfect

■ **Compound tenses** use more than one verb form to convey a meaning, as opposed to **simple tenses** that only need one verb form, e.g. *Ich* **sehe**..., *du* **sprachst**....

■ The **future perfect** is used to give information about **what I will have done**, e.g.: 'By tomorrow I will have finished my homework.' It is formed with the present tense of *werden*, the past participle of the main verb and the auxiliary verb (*haben* or *sein*) in the infinitive (at the end of the sentence), e.g.:
Ich **werde** mit ihm **gesprochen haben**. *I will have spoken to him.*
Er **wird** nach Paris **geflogen sein**. *He will have flown to Paris.*

🔄 Strategie

Write creatively

1 Think about the topic or scenario that you want to explore, and try to come up with as **many ideas as possible** for things to write about.

2 Consider the exact vocabulary you will need to express yourself and make your writing interesting. Try to express more **complex concepts with simple language** by looking up five nouns, five verbs and five adjectives linked to the topic, but try not to use a dictionary more than this.

3 **Use structures in the texts from the lesson** and adapt them to make them fit your scenario.

Schlüsselausdrücke

What does 'love' mean?

auch in schwierigen Situationen zusammenhalten

Glück und Leid miteinander teilen

ein unbeschreibliches Glücksgefühl

zuhören können

für die Andere/den Anderen da sein

die Andere/den Anderen so akzeptieren, wie sie/er ist

Probleme gemeinsam lösen

Händchen halten

sich in die Partnerin/den Partner einfühlen können

Verständnis füreinander haben

auch eine andere Meinung der Partnerin/des Partners akzeptieren

offen ihre/seine Meinung sagen dürfen

Konflikte erkennen und lösen

nicht wegen jeder Kleinigkeit streiten

Spaß haben

Dinge miteinander unternehmen

die Welt erkunden

gemeinsame Erfahrungen machen

sich wohl fühlen

akzeptiert werden

---

1 Was ist wichtig in einer Freundschaft? Was ist wichtig in einer Partnerschaft? Arbeiten Sie mit einer Partnerin/einem Partner zusammen und geben Sie Ihre eigenen Ideen.

ehrlich und treu sein	gut zuhören können
nicht neidisch sein	höflich sein
natürlich sein	Komplimente machen
geheimnisvolle Augen haben	einen durchtrainierten Körper haben
humorvoll sein	immer Zeit für dich haben
ein sympathisches Lachen haben	Unterstützung geben

2 Lesen Sie diesen Text über Liebe und Freundschaft.

🔍 Suche

Startseite | Index | Hilfe | Kontakt | Textversion

Unterschied zwischen Liebe und Freundschaft – nicht so einfach wie man denkt!

Jana 333 –

Na ja, ich finde, das sind zwei verschiedene Welten, die sich doch häufiger berühren, als wir denken! Freundschaft ist für mich das Gefühl, bei einem Menschen geborgen zu sein, ihm zu vertrauen und in guten wie in schlechten Zeiten mit ihm zusammen sein wollen! Und Liebe ist für mich dasselbe Gefühl, nur intensiver als Freundschaft! Aber wie gesagt, zwei verschiedene Welten, denn Freundschaft bedeutet nicht Liebe, aber bedeutet Liebe Freundschaft?

gitti –

Der Unterschied zwischen einer innigen, tiefen Freundschaft und Liebe? Wirst Du spätestens kennen lernen, wenn Du Dich wieder verliebt hast! Der Unterschied: Ein stillschweigendes Versprechen, IMMER füreinander da zu sein. Dieses stillschweigende Versprechen bekommt man nicht von noch so guten Freunden!

loveswan –

Ich denke, Liebe und Freundschaft unterscheiden durch dieses gewisse Gefühl. Dieses Gefühl, die Zeit könnte einfach stehen bleiben, oder ich könnte stundenlang jemanden anstarren und einfach nur lächeln und glücklich sein, diese innere Wärme dabei empfinden.

Cherish75 –

Wenn man jemanden gefunden hat, der das alles akzeptieren kann – vielleicht auch, dass er nicht alles weiß, dass er manchmal die schlimmsten Anfälle ertragen muss, ohne den Grund dafür zu kennen. Dann weiß man, dass derjenige ein richtiger Freund ist. Verstehen ist manchmal nicht möglich. Aber da, wo Verstehen nicht möglich ist, muss man akzeptieren. Und wenn man das kann, dann stimmt es. Dann ist es richtig.

Engel02 –

Ich persönlich bin der Meinung, dass es keinen Unterschied zwischen Liebe und Freundschaft gibt, schließlich liebt man nicht nur den Partner oder die Partnerin, sondern auch Freunde. Ich gehe davon aus, dass man alle Menschen, die man gerne um sich hat oder zu denen man GERNE Kontakt hat, liebt: Freunde, Bekannte, Familienmitglieder, Arbeitskollegen usw. Nur liebt man alle diese Menschen nicht auf die gleiche Art und Weise.

a Wer sagt das?

   i   Liebe und Freundschaft ist dasselbe – wie man dieses Gefühl empfindet, hängt von der Person ab.

   ii   Es ist eine Frage der Zeit. Liebe dauert eine Ewigkeit.

   iii   Es sind zwei unterschiedliche Gefühle, die sich oft ziemlich ähnlich sind!

   iv   Mit Liebe muss man alles ertragen können.

   v   Der Unterschied ist das Liebesgefühl.

b 💡 Füllen Sie die Lücken online aus.

c Wie sind sich Liebe und Freundschaft ähnlich? Wie unterscheiden sie sich Ihrer Meinung nach? Machen Sie zwei Listen. Benutzen Sie Ideen vom Text und Ihre eigenen Ideen. Schreiben Sie auch Ihre Kommentare dazu.

3 💡 Ist es Liebe oder Freundschaft? Sie arbeiten für eine Jugendzeitschrift und Sie schreiben die Fragen und Antworten für ein Quiz über Liebe und Freundschaft. Sie wollen herausfinden, ob ein Paar Freunde Partner sein sollen oder nicht.

Beispiel: _____

> Er kommt heute Abend um 20 Uhr zum Essen.
> Es ist 19 Uhr und Sie sind …
>
> i   im Wohnzimmer und entspannen sich auf dem Sofa.
>
> ii   in der Küche, um ihm sein Lieblingsgericht zuzubereiten.
>
> iii   im Bad, um sich schön zu machen.

4 💡 Was erwarten Sie von einer Partnerin/einem Partner? Bereiten Sie einen Vortrag vor.

- Was verstehen Sie unter ‚Liebe' und ‚Freundschaft'?

- Wie soll Ihre Traumpartnerin/Ihr Traumpartner sein?

- Was ist Ihnen in einer Beziehung wichtig?

🔊 **Strategie**

Listen to authentic songs

💡 **Grammatik**

Use compound tenses (2) Conditional and conditional perfect

■ **The conditional** is used to give information about **what I would do**, e.g. 'If I had enough money I would retire.' It is formed with *würden* – the conditional tense of the verb *werden* – and the infinitive form of the main verb.

Ich **würde** mit ihm **sprechen**.
I would speak to him.
Er **würde** nach Paris **fliegen**.
He would fly to Paris.

■ **The conditional perfect** is used to give information about **what I would have done**, e.g. 'If I had been you I would have ignored her.' This is formed either with the conditional form of the auxiliary verb (*sein* or *haben*) and the past participle, or more commonly with *wäre* and *hätte* and the past participle.

Ich **hätte** mit ihm **gesprochen**./
Ich **würde** mit ihm **gesprochen haben**. *I would have spoken to him.*
Ich **wäre** nach Paris **geflogen**./
Ich **würde** nach Paris **geflogen sein**. *I would have flown to Paris.*

Now you should be able to:

■ Understand and produce vocabulary to describe the roles and importance of friends

■ Consider the characteristics of good friends

■ Discuss conflicts with friends and possible strategies used to deal with them

■ Talk about the importance of love

■ Discuss the difference between friendship and love

Grammar

■ Use adjectival endings

■ Use compound tenses (1) Future perfect

■ Use compound tenses (2) Conditional and conditional perfect

Skills

■ Complete cloze texts

■ Write creatively

■ Listen to authentic songs in German

■ Testen Sie sich!

1 Füllen Sie die Lücken aus.

Wenn ich ein emotional...... Problem habe, bitte ich auf jed...... Fall meinen best...... Freund um Rat.

2 Übersetzen Sie ins Englische.

Ich rufe meinen besten Freund sehr häufig an, um ihm zu erzählen, was in meinem Leben vorgeht.

3 Füllen Sie die Lücken aus.

Bei einem guten Freund muss man nicht immer darüber ......, wie man sich ....

4 Ergänzen Sie den Satz.

Als Freundin/Freund sind Sie erstklassig. Sie ......

5 Übersetzen Sie ins Deutsche.

I will have spoken to her.

6 Füllen Sie die Lücken aus.

Wenn man Probleme mit einem Freund hat, sollte man ...... oder .... Man soll nicht ....

7 Bringen Sie die Wörter in die richtige Reihenfolge.

ich direkt können und über hätte dann hätte sie sie nicht alles gefragt lügen

8 Was ist sehr wichtig in einer Partnerschaft, aber nicht in einer Freundschaft?

9 Es handelt sich um Liebe. Füllen Sie die Lücken aus.

Man soll in schwierigen Situationen ...... und Glück und Leid miteinander .... Es ist wichtig, Probleme gemeinsam zu ...... und für einander da sein.

10 Was bedeutet ‚nicht neidisch sein'?

AQA / Examiner's tips

Listening

Make sure you know the most frequently used **quantifiers** (e.g. – in their plural forms – *alle, einige, manche, sämtliche, viele, wenige*).

Speaking

Beware of 'false friends'. Learn to use *hart/schwer*; *schlimm/schlank*; *groß/dick*; *spenden/ausgeben*; *retten/sparen*) correctly.

Reading

The passive is used frequently, both in spoken and written language, and is usually formed by using *werden* and the **past participle**. Do not confuse it with the future tense which is formed by using *werden* and the **infinitive**.

Writing

Conclude by re-affirming your opinion: *Aus diesen Gründen bin ich für/ gegen ...*

Familie und Verwandtschaft

12 Ehe und Partnerschaft

By the end of this chapter you will be able to:

	Areas of study	Grammar	Skills
A **Ehe oder Partnershaft?**	■ Understand and produce vocabulary to describe the changing attitudes towards marriage, cohabitation and divorce ■ Discuss the arguments for and against being married	■ Use the Subjunctive I	■ Structure arguments
B **Neue Männer braucht das Land**	■ Compare the changing roles of men and women within the family	■ Use the Subjunctive II	■ Discuss issues related to the family
C **Bridget oder Indiana – welche Art von Jones sind Sie ?**	■ Discuss staying single: the benefits and drawbacks	■ Use impersonal expressions	■ Explain hopes, aspirations and ideals

---

■ Wussten Sie schon?

Lebenspartnerschaftsgesetz

Seit August 2001 ermöglicht das Lebenspartnerschafts-gesetz zwei Menschen des gleichen Geschlechts in der Bundesrepublik Deutschland die Begründung einer Eingetragenen Lebenspartnerschaft (ELP). Die Lebenspartnerschaft hat insbesondere folgende Rechte und Pflichten zur Folge:

- auf Wunsch gemeinsamer Familienname (‚Lebenspartnerschaftsname')
- Verpflichtung zur gemeinsamen Lebensführung
- Verpflichtung zum gegenseitigen Unterhalt
- Sorgerecht bei Kindern der Partnerin/des Partners
- Verwandtschaftsverhältnis zu anderen Familienmitgliedern der Partnerin/des Partners
- Witwenrente
- Gleichstellung von Lebenspartnern mit Ehepartnern im Sozialrecht (Arbeitslosengeld, Elterngeld, Unterhaltsvorschuss, Sozialversicherung)
- Befangenheits- und Angehörigenverhältnis des Lebenspartners in Gerichtsordnungen und bei Verfahrensbeteiligungen

Was wissen Sie über das Gesetz in Großbritannien und Amerika?

■ Zum Aufwärmen

Was ist richtig?

1 Von den 21,4 Millionen Paaren in Deutschland waren 2005
 a 62 Prozent
 b 74 Prozent
 c 88 Prozent
verheiratet.

2 Im Jahr 2005 wurden in Deutschland
 a 180 400
 b 201 700
 c 450 000
Ehen geschieden. Das sind im Vergleich zu 2004 5,6 Prozent weniger.

3 Alleinerziehende leben häufiger als verheiratete Eltern unter der Armutsgrenze, da das Einkommen des Partners fehlt. Etwa
 a 91 Prozent
 b 94 Prozent
 c 97 Prozent
der Alleinerziehenden waren im Jahr 2003 Frauen.

4 In Deutschland leben
 a 70 Prozent
 b 85 Prozent
 c 94 Prozent
der Paare zusammen bevor sie heiraten.

A   Ehe oder Partnerschaft?

 Schlüsselausdrücke

Arguing for and against

Ja, das stimmt.

Damit bin ich total einverstanden.

Das glaube ich auch.

Ich stimme dem nicht zu.

Das finde ich nicht richtig.

Es ist ganz kompliziert …

Auf der einen Seite finde ich …

Auf der anderen Seite ist es …

 Strategie

Structure arguments

When preparing an argument for a debate, use the following to help you to clarify your thoughts and to prepare your responses in German.

1 **Listen**. Listen carefully to the argument of the other speakers; respond to what they have said.

2 **React**. Give an opinion. Do you agree with the statement? Do you disagree?

3 **Present**. If you disagree, formulate your own opinion. Find some facts to substantiate your own opinion.

4 **Justify**. Justify your opinion with your reasons or your thoughts on the issue.

1 Die Formen des Zusammenlebens haben sich im letzten Jahrhundert verändert wie nie zuvor, besonders die Ehe. Lesen Sie die Aussagen unten. Sind sie für oder gegen die Ehe?

- Wenn zwei Personen nicht verheiratet sind und etwas Schlimmes passiert und einer der Partner liegt in der Intensivstation, soll der Andere Besuchsrecht haben?

- ‚Auf immer und ewig' ist unrealistisch – nichts ist für immer und ewig, das Leben selbst ist ständig im Wandel.

- Leider beherrscht heute die Schnelllebigkeit unseren Alltag. Ich möchte am Ende meines Lebens nicht dreimal verheiratet gewesen sein.

- Die Ehe bietet mehr Sicherheit, besonders für die Kinder.

- Ehe finde ich so endgültig – ich finde es spannender, etwas freier zu sein.

- Es gibt eine Menge steuerliche Vorteile, wenn man verheiratet ist.

- Liebe und Vertrauen sollten die einzigen Gründe für eine Ehe sein.

- Die Ehe ist eine Frage der Verpflichtung. In guten Zeiten miteinander glücklich sein und in schweren Zeiten Probleme und Leid miteinander durchstehen – die Ehe ist fester als eine Partnerschaft.

- Ehepaare haben viel mehr Rechte als unverheiratete Paare – sie werden bevorzugt.

- Die Ehe ist wichtig, um vor Gott und Freunden zu bezeugen, dass ein Paar für immer und ewig zusammen sein will.

2 Lesen Sie den Text über das Heiraten online und machen Sie die Aufgaben.

3 Lesen Sie diese Kommentare von Sabine und Zaneb.

Sabine

Heiraten ist wichtig. Wer nicht heiratet, ist sich eigentlich nur nicht ganz sicher, ob der Partner der richtige Mensch fürs Leben ist. Man will keine Verantwortung übernehmen und man kann in Krisenzeiten einfach verschwinden. Jemanden zu heiraten ist der Beweis, ihn wirklich zu lieben und immer bei ihm bleiben zu wollen. Der ganze uneheliche Kram führt zu den vielen alleinstehenden, jungen Müttern. Und Kinder, die nicht in geregelten Verhältnissen aufwachsen, stellen für unsere Gesellschaft ein großes Problem dar. Ich bin glücklich verheiratet und ich vertraue meinem Mann vollkommen. Ich bin völlig der Ansicht, dass Sex nur in die Ehe gehört und nicht in jede flüchtige, nette Bekanntschaft, wie das heute so modern ist.

Zaneb

Früher wollte ich auch immer heiraten, mittlerweile hat sich, auch durch meinen Freund, meine Ansicht geändert. Wieso heiraten? Für mich gibt es abgesehen von der romantischen Idee einer Hochzeit keinen Grund dafür. Ich vertraue meinem Freund und weiß, was für eine feste Beziehung wir haben. Mehr Sicherheit gäbe es durch Ehe auch nicht. Wir sind glücklich und wissen, dass wir zusammenbleiben wollen und daher habe ich auch dieses Zusammengehörigkeitsgefühl. Wir wissen, was Liebe bedeutet, wir brauchen keinen Trauschein, um uns oder anderen das zu beweisen.

a Wer sagt das? Sabine oder Zaneb?

i Familien seien nicht so stabil wenn man nicht verheiratet ist.

ii Sie habe früher heiraten wollen.

iii Wenn man sicher sei, dass man mit jemandem das Leben verbringen wolle, solle man heiraten.

iv Menschen seien heutzutage viel zu früh viel zu intim.

v Es sei kein Grund, wegen romantischer Gefühle zu heiraten.

vi Geschlechtsverkehr gehöre nur in die Ehe.

vii Sie und ihr Lebensgefährte wollen ohne Trauung zusammenbleiben.

viii Menschen, die nicht heiraten wollen, seien nicht bereit, Verantwortung zu übernehmen.

ix Die Ehe biete nicht mehr Schutz als eine Partnerschaft.

x Sie sei mit ihrer Ehe zufrieden.

b Schreiben Sie eine Liste der Argumente, die Sabine und Zaneb geben. Stimmen Sie damit überein?

Argument	Meine Meinung
Wer nicht heiratet, ist sich eigentlich nur nicht ganz sicher, ob es der richtige Mensch fürs Leben ist.	Damit bin ich nicht einverstanden. Unverheiratete Paare können einander das ganze Leben lang treu sein.

c Gruppenspiel. Debatte: Sind sie für oder gegen die Ehe? Spielen Sie die Rolle von Zaneb oder Sabine.

4 a 💡🎧 Hören Sie sich den Bericht über die Pluralisierung der Lebensformen an und machen Sie die Aufgaben online.

b 🎧 Hören Sie noch einmal zu und beantworten Sie die Fragen auf Englisch.

i What trend has developed within society, in so far as family structure is concerned?

ii When was the nuclear family the most common family structure?

iii What remains the most common state for couples?

iv What type of family structure does 20% signify? How is this made up?

v What statistics are given with regard to civil partnership?

vi Describe the trend relating to families with children.

vii Describe the trend relating to families without children.

viii How is the number of widows and widowers having an effect on the trends mentioned?

c Wie ist die Situation in Großbritannien? Finden Sie mehr darüber heraus und stellen Sie die Ergebnisse in einem kurzen Power Point Vortrag vor.

- Prozentzahl der Ehen
- Alleinlebende
- Zahl der Partnerschaften
- Lebenspartnerschaften
- Zahl der allein erziehenden Mütter/Väter

5 🖊 Diskutieren Sie mit einer Partnerin/einem Partner. Ehe, Partnerschaft, Scheidung, Trennung: Wann und warum sollte man sich zu diesen Schritten entschließen?

💡 Grammatik

Use the Subjunctive I

■ In indirect, or 'reported' speech, we report what someone has said by incorporating it into a sentence of our own, rather than quoting it in the original form. In English we indicate indirect speech by shifting the tense:
Direct speech: She said, "I am happy with my marriage."
Indirect speech: She said that she was happy with her marriage.

■ In German we indicate indirect speech by using Subjunctive I (sometimes called the Present Subjunctive). The use of the word *dass* is acceptable, but Subjunctive I alone is enough to indicate indirect speech.

Direct speech: *Sie sagt, „Ich bin mit meiner Ehe zufrieden."*

Indirect speech using just Subjunctive I: *Sie sagt, sie sei mit ihrer Ehe zufrieden.*

Indirect speech using *dass* and Subjunctive I: *Sie sagt, dass sie mit ihrer Ehe zufrieden sei.*

You will need to be able to recognise all forms of indirect speech.

Vokabeln

(sich) kümmern *to take care of, look after*

erweisen *to show, prove*

zeitgemäß *current, up to date*

der Brötchenverdiener, Ernährer *breadwinner*

die Betreuung *care*

berufstätig *working, employed*

Erfüllung *fulfilment*

zwangsweise *by force*

die Selbstlosigkeit *unselfishness*

die Aufopferungsbereitschaft *self-sacrifice*

der Betrag *amount, sum*

vorschreiben *to prescribe, dictate*

 1 💡 Wer ist das? Mütter, Väter heute oder Väter früher?

 **2** a Lesen Sie den Text über Väter. Welche Sätze (i–v) entsprechen dem Sinn des Textes?

Neue Väter braucht das Land!

„Das Papa-Handbuch" - „Ich werde Vater!"- „Hallo – ich bin Vater geworden". Dies sind nur einige der Titel, die man heutzutage in den Regalen deutscher Buchläden findet. Haben sich Väter nicht schon immer um ihre Kinder gekümmert? Haben nicht auch sie die unterschiedlichsten Gefühle empfunden, wenn der Schwangerschaftstest sich als positiv erwies – Glück und Freude, Unsicherheit und Sorge um die Zukunft? Bedeutet diese Flut von Vaterratgebern, dass das traditionelle Vaterbild nicht mehr zeitgemäß ist?

Der traditionelle Vater sah sich als der Brötchenverdiener der Familie und war Wochenend-Vater, während die Mutter sich um den Haushalt und die Kinder kümmerte. Vom neuen Vater wird erwartet, dass er familienorientierter ist und eine aktivere Rolle im Familienalltag übernimmt.

Kinderpsychologen haben gezeigt, dass der Vater für ein Kind fast ebenso wichtig ist wie die Mutter. Der neue, engagierte Vater soll nicht mehr nur der Ernährer der Familie sein, sondern auch der Erzieher und voll mitverantwortlich für die Betreuung der Kinder sein. Deshalb sind immer mehr Männer beim Geburtsvorbereitungskurs, bei der Geburt und in der Krabbelgruppe dabei. Außerdem können sie in der Diskussion über die Vor- und Nachteile von Windeln und Babynahrung mitreden.

Dazu kommt, dass die meisten Frauen heutzutage berufstätig sind. Sie sind gut ausgebildet und wollen den Kontakt zu ihrem Beruf nicht verlieren. Die Zeiten sind vorbei, in denen Frauen Mutterschaft als die Erfüllung ihres Lebens sahen.

Dieses gewandelte Rollenverständnis von Mann und Frau hat zwangsweise zu einem neuen Vaterbild geführt. Der neue Vater teilt die Pflichten im Haushalt und bei der Betreuung der Kinder, denn Selbstlosigkeit, Fürsorge, Zärtlichkeit und Aufopferungsbereitschaft sind keine ausschließlich weiblichen Eigenschaften. Tatsächlich entscheiden sich immer mehr Väter, eine Babypause einzulegen, um aktiver Vater zu werden.

Selbst die Bundesregierung unterstützt den neuen Vatertyp. Das Elternzeitgesetz erlaubt beiden Elternteilen bis zu drei Jahren Elternzeit zu teilen. Es geht sogar so weit, dass der maximale Betrag des Elterngeldes nur dann ein ganzes Jahr gezahlt wird, wenn der Vater mindestens zwei Monate davon zu Hause bleibt. Doch ist es die Rolle des Staates, Eltern vorzuschreiben, wie sie ihre Kinder erziehen?

   i   Die Erlebnisse neuer Väter sind immer negativ.

   ii   Die Verantwortung der Väter hat immer bei der Geburt begonnen.

  iii   Heute wird nicht viel von Vätern erwartet.

  iv   Frauen spielen eine wichtigere Rolle als Männer bei der Erziehung der Kinder.

   v   Im Moment bietet der Staat neuen Vätern keine Unterstützung an.

b 💡 Auf wen trifft das zu? Machen Sie die Aufgabe online.

c Schreiben Sie eine Liste von Aufgaben und Charaktereigenschaften neuer Väter.

d ✎ Gruppenarbeit. Was sollen Väter, Ihrer Meinung nach, machen? Benutzen Sie die folgenden Fragen und Ihre eigenen Ideen.

Sollte, Ihrer Meinung nach, ein werdender Vater …

- mit zur Schwangerschaftsgymnastik kommen?

- bei der Geburt dabei sein?

- die Windeln wechseln?

- selber dem Baby das Fläschchen geben, auch nachts?

- bei seiner Partnerin sein, wenn sie das Baby stillt, auch nachts?

- den Haushalt übernehmen, solange das Baby noch ganz klein ist?

3 a Gruppendebatte. Was machen ‚echte' Männer? Wie sind ‚echte' Männer? Wie wäre es, wenn Sie verheiratet wären? Was für eine Rolle würden Sie spielen?

b Wählen Sie eine Aussage und schreiben Sie einen Aufsatz darüber.

> In einer Familie muss die Hausarbeit immer geteilt werden.

> Früher war das Familienleben besser.

> Das Kind ist sowohl Aufgabe der Mutter als auch des Vaters.

> Mütter, die arbeiten, schaden den Kindern.

> Wenn der Vater einen sicheren Arbeitsplatz hat, soll die Mutter zu Hause bleiben.

4 a 💡🎧 Zwangsheirat – Hören Sie sich Emines Geschichte an und machen Sie die Aufgaben online.

b 🎧 Hören Sie noch einmal zu und beantworten Sie die Fragen auf Deutsch.

i Woher kommt Emine?

ii Was für eine Organisation ist ROSA?

iii Wie war das Leben zu Hause vor ein paar Jahren?

iv Wie musste sie sich zu Hause benehmen?

v Mit wem hat Emine gesprochen?

vi Was hat diese Person getan?

vii Wovor hatte sie Angst, als sie erfuhr, dass sie einen Platz bei ROSA hatte?

viii Was haben sie gemacht, als Emine bei ROSA ankam, um sie zu beruhigen?

ix Wie fühlt sie sich jetzt?

5 Rat für eine Freundin. Emine hat einen Brief von einer türkischen Freundin bekommen. Beantworten Sie den Brief für Emine.

> Meine Eltern haben beschlossen, mich mit einem Cousin zu verheiraten. Sie sind aber nicht sehr streng und vielleicht kann ich sie davon überzeugen, dass ich meine eigenen Entscheidungen treffen muss und selbst einen Mann finden kann. Was für Argumente kann ich anführen? Hast du ein paar gute Ideen? Wenn nicht, was soll ich tun und wer kann mir helfen?

🖱 Strategie

Discuss issues related to the family

Vokabeln

je … desto mehr *the more … the more*

abhauen *to run away*

das Jugendamt(¨er) *office for youth affairs*

die Ehre(-) *honour*

verzweifelt *despairing, desperate*

beiseite *to the side*

tatsächlich *actually*

die Einrichtung(en) *facility*

die Betreuerin(nen) *key worker*

gelohnt (*from* lohnen) *to be worth it*

💡 Grammatik

Use the Subjunctive II

Subjunctive II is used for expressing **hypothetical situations**. In other words, sentences where **unreal** or **unfulfilled conditions** are discussed. Typical examples are clauses with *wenn* and *als ob*:

Wenn ich Vater wäre, würde ich die Hausarbeit bestimmt teilen.
Er hat mit mir gesprochen, als ob er mich nicht gekannt hätte.

C Bridget oder Indiana – welche Art von Jones sind Sie?

Vokabeln

das Übel(-) *evil*

die Kontaktbörsen(pl) *dating agencies*

gestalten *shape, organise*

das Scheitern(-) *breakdown*

enttäuscht *disappointed*

die Selbstverwirklichung(en) *self-realisation*

die Freizeitbeschäftigung(en) *hobby*

das Bedürfnis(se) *necessity*

das Ausmaß(e) *extent*

ersetzen *replace*

etwas Entscheidendes *something crucial*

zufrieden *content*

1 Was fällt Ihnen zum Wort ‚Single' ein? Machen Sie ein Assoziationsdiagramm. Welche Ideen sind positiv und welche negativ?

> +/– man verbringt viel Zeit allein → + Freiheit
>
> **Single**
>
> + man hat Zeit für Freunde und Familie

2 Lesen Sie den Text über das Single-Leben.

Single-Leben

„All unser Übel kommt daher, dass wir nicht allein sein können." Tatsächlich: Der Boom in den Kontaktbörsen im Internet zeigt an: Der Mensch ist nicht gern alleine. Und doch gibt es Frauen und Männer, die behaupten, sie seien gerne Single. Können sie sich nicht festlegen? Oder wollen sie einfach ihr Leben so gestalten, wie sie es wollen, ohne Rücksicht auf eventuelle Wünsche eines Partners? Sind sie zu anspruchsvoll?

Vorteile des Single-Lebens

Viele in der Partnerschaft enttäuschte Menschen sagen sich nach dem Scheitern ihrer Beziehung: „Lieber alleine einsam als gemeinsam einsam." Sie haben eine Beziehung erlebt, in der sie sich trotz Zweisamkeit allein gelassen und unverstanden gefühlt haben. Sie sehen nach dem Scheitern oft die Chance zur Selbstverwirklichung und beginnen wieder, frühere Freizeitbeschäftigungen aufzugreifen und alte Freundschaften aufleben zu lassen. Sie fühlen sich wieder lebendig, denn sie leben endlich einmal nach ihren eigenen Bedürfnissen.

Nachteile beim Single-Leben

Als Single wird man in der Gesellschaft heute leider als ‚halbe Portion' betrachtet. Dieser soziale Druck bringt viele dazu, sich Partner zu suchen, die oft gar nicht zu ihnen passen, nur, um nicht alleine zu sein. Ein weiteres Phänomen des Single-Daseins besteht in der Tendenz, in Extremen zu leben. Sie stürzen sich häufig in ungesundem Ausmaß in die Arbeit, verbringen dann aber auch oft ihre Freizeit mit Faulenzen. Was Singles aber vor allem bestimmt fehlt, ist der abendliche Gesprächspartner. Natürlich können Nachbarn, Geschwister oder Freunde das ersetzen, aber etwas Entscheidendes fehlt ihm dabei ganz bestimmt: Das Gefühl, für jemanden unersetzlich zu sein.

„Allein sein zu müssen, ist das Schwerste, allein sein zu können, das Schönste". Ob man mit seinem Single-Leben zufrieden ist, hängt von der Stärke der Persönlichkeit des jeweiligen Menschen und dessen Vorgeschichte ab. Denn: „Glücklich ist nicht, wer anderen so vorkommt, sondern wer sich selbst dafür hält."

a Finden Sie die entsprechenden Ausdrücke im Text.

   i das Ende einer Partnerschaft

   ii sich nicht um die Bedürfnisse der Freundin/des Freundes zu kümmern

   iii die Möglichkeit sich wieder selbst richtig kennenzulernen

   iv jemand, mit dem man abends sprechen kann

   v innere Kräfte des Einzelnen

   vi ehemalige nicht-berufliche Tätigkeiten

   vii gesellschaftliche Erwartungen

   viii noch ein besonderes Ereignis

   ix so viel, dass es schädlich ist

   x die plötzliche Zunahme an Anzeigen für neue Beziehungen

b 💡 Lesen Sie den Text noch einmal und machen Sie die Aufgabe online.

c Schreiben Sie eine Liste der Vor- und Nachteile des Single-Lebens im Text. Sind Sie damit einverstanden oder sehen Sie das anders?

Nachteile	Vorteile	Einverstanden? Ihre Meinung

3 a 🔊 Hören Sie sich vier Teenager an, die über das Single-Leben sprechen. Wen könnte man als das Folgende beschreiben? Anita, Bernd, Karl oder Dieter?

    i fragend   ii einsam   iii egoistisch   iv nüchtern

b 💡🔊 Hören Sie noch einmal zu und machen Sie die Aufgabe online.

4 a Zurück zum Anfang: Bridget oder Indiana? Bereiten Sie einen einminütigen Vortrag für Ihre Mitschüler vor. Sie können Ihre Gedanken mit Hilfe von PowerPoint darstellen.

   • Allein sein oder eine Partnerin/einen Partner finden?

   • Was sind die Vor- und Nachteile des Single-Lebens?

b Beantworten Sie die E-Mails rechts. Beurteilen Sie die jeweilige Situation auch so negativ? Benutzen Sie Ideen von Übungen 2 und 3. Benutzen Sie wenn nötig ein Wörterbuch.

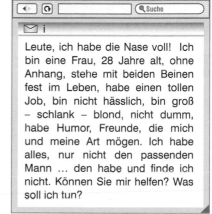

◀ ▶ | ↻ | [   ]   🔍 Suche

✉ i

Leute, ich habe die Nase voll! Ich bin eine Frau, 28 Jahre alt, ohne Anhang, stehe mit beiden Beinen fest im Leben, habe einen tollen Job, bin nicht hässlich, bin groß – schlank – blond, nicht dumm, habe Humor, Freunde, die mich und meine Art mögen. Ich habe alles, nur nicht den passenden Mann … den habe und finde ich nicht. Können Sie mir helfen? Was soll ich tun?

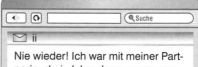

◀ ▶ | ↻ | [   ]   🔍 Suche

✉ ii

Nie wieder! Ich war mit meiner Partnerin drei Jahre lang zusammen, aber wir haben uns getrennt. Und ich will nie wieder mit jemandem zusammen sein. Am Ende gab es nur Streit und Probleme zwischen uns wegen ihrer schlechten Laune. Sie hat auch oft mit anderen Jungen geflirtet. Für mich ist jetzt mit Weibern absolut Schluss!

Schlüsselausdrücke

Being single

Zeit für sich selbst haben

das Alleinsein genießen

Die Möglichkeit haben, alles tun oder lassen können, was man möchte.

keine Kompromisse eingehen müssen

Es gibt auch Einsamkeit zu zweit.

nach wiederholten Enttäuschungen beziehungsmüde sein

Das Alleinsein bietet auch Vorteile – wie zum Beispiel …

Man kann aus einer schlechten Erfahrung nicht verallgemeinern.

💡 Grammatik

Use impersonal expressions

A large number of verbs are exclusively or commonly used impersonally, with the indefinite subject *es*. Some of these verbs you will use as a matter of course; verbs referring to the weather and *es ist/sind* and *es gibt* are regularly used.

es fehlt mir an etwas	*I lack something*
es gefällt mir	*I like it*
es geht um …	*it's about …*
es gilt, etwas zu tun	*one should do something*
es handelt sich um …	*it's about …*
es heißt, dass …	*it is said that …*
es kommt auf etwas an	*it depends on something*
es liegt an etwas	*it is due to something*
es steht schlecht um ihn	*things look bad for him*

⌨ Strategie

Explain hopes, aspirations, ideals

The following phrases may be of use when expressing hopes, aspirations and ideals:

später einmal	*in days to come*
mit der Zeit	*in the course of time*
möglichst bald	*as soon as possible*
in dieser Hinsicht	*in this respect*
kurz gesagt	*in brief*
im Großen und Ganzen	*on the whole*
ich schlage vor, dass …	*I suggest that …*
mit der Zeit gehen	*to move with the times*
heutzutage, aktuell	*nowadays*

Now you should be able to:

- ■ Understand and produce vocabulary to describe the changing attitudes towards marriage, cohabitation and divorce
- ■ Discuss the arguments for and against being married

- ■ Compare the changing roles of men and women within the family

- ■ Discuss staying single: the benefits and drawbacks

Grammar

- ■ Use the Subjunctive I

- ■ Use the Subjunctive II

- ■ Use impersonal expressions

Skills

- ■ Structure arguments

- ■ Discuss issues related to the family

- ■ Explain hopes, aspirations and ideals

Testen Sie sich!

1 Füllen Sie die Lücke aus.

Unverheiratete zusammen lebende Paare stellen weiterhin eine Minderheit von rund ...... Prozent dar.

2 Füllen Sie die Lücken aus.

Jasmin sagt, die Ehe ...... mehr Schutz als eine Partnerschaft und sie sagt, dass Menschen ...... heutzutage viel zu früh intim.

3 Es handelt sich um die Ehe. Ergänzen Sie den Satz.

Aber allen möglichen Nachteilen wie ... stehen natürlich auch viele positive Aspekte gegenüber, wie zum Beispiel ... .

4 Füllen Sie die Lücken aus.

...... Prozent der Deutschen sind alleinerziehende Eltern.

5 Bringen Sie die Wörter in die richtige Reihenfolge.

als nicht er Hause wir hat keine ob geholfen Kinder hätten zu

6 Übersetzen Sie das ins Englische.

Und je länger ich darüber nachdachte, desto verzweifelter wurde ich.

7 Es handelt sich um neue Väter. Ergänzen Sie den Satz.

Vater ...... ist nicht schwer, Vater ...... dagegen sehr.

8 Übersetzen Sie das ins Englische.

Ich wusste nicht, wie ich von zu Hause wegkommen sollte.

9 Es handelt sich um Single-sein. Füllen Sie die Lücken aus.

Einige Menschen haben Angst vor ......, aber sie sind trotzdem ....

10 Bringen Sie die Wörter in die richtige Reihenfolge.

ist können allein allein zu zu müssen, sein sein das das Schönste Schwerste

---

AQA Examiner's tips

Listening

If a word sounds very strange, ask yourself if it is **an acronym** (initials) or an abbreviation, e.g. BRD, GmbH or KZ.

Speaking

Use the revision work you have done for other skills. For example, maybe you wrote **an essay** about a German rock group, the ideal parent or your dream holiday. Use that material if relevant. Bring it into the discussion here.

Reading

German **spelling** is usually quite straightforward. But there are some words that can cause problems. For example, are you sure of the German spelling for the following words: *alphabet, catastrophe, rhythm, fantasy*? You may want to compile a list of words that you tend to misspell.

Writing

Leave enough time at the end to **proof-read** your writing. Read specifically for verb placements, check your adjective endings, your tenses and your prepositions as these are the most common errors.

Grammatik

1 Nouns and articles

1.1	Gender of nouns
1.2	Plural forms of nouns
1.3	Weak nouns
1.4	Adjectives used as nouns
1.5	Definite and indefinite articles
1.6	Cases
	Nominative
	Accusative
	Genitive
	Dative

2 Adjectives and adverbs

2.1	Adjective agreement and position
	Weak endings
	Mixed endings
	Strong endings
2.2	Comparatives and superlatives
2.3	Demonstrative adjectives
2.4	Possessive adjectives and pronouns
2.5	Interrogative adjectives
2.6	Adverbs
	Qualifiers
	Comparatives and superlatives of adverbs
	Interrogative adverbs
2.7	Particles – *doch, ja, mal, schon, eben*

3 Pronouns

3.1	Personal pronouns
3.2	Position and order
3.3	Reflexive pronouns
3.4	Relative pronouns
3.5	Indefinite pronouns
3.6	Possessive pronouns
3.7	Interrogative pronouns

4 Verbs

4.1	The present tense
	Formation of regular verbs
	Formation of irregular verbs
	Separable verbs
	Modal verbs in the present tense
4.2	The perfect tense
4.3	The imperfect tense/simple past tense
4.4	The future tense
4.5	The conditional
4.6	The pluperfect tense
4.7	Recognising the future perfect and the conditional perfect tenses
	Future perfect
	Conditional perfect
4.8	The passive voice
4.9	Imperatives
4.10	The subjunctive
	Subjunctive 1
	Subjunctive 2
4.11	Reflexive verbs
4.12	Impersonal verbs
4.13	Separable verbs
4.14	Infinitive constructions
	The infinitive with *zu*
	Lassen with infinitive

5 Negative forms

6 Interrogative forms

7 Prepositions

8 Clause structures

9 Subordinate clauses and conjunctions

10 Use of *seit* and *seitdem*

11 Expressions of time

■ 1 Nouns and articles

1.1 Gender of nouns

Knowing the gender of a German noun is largely a question of careful learning, but there are guidelines to help you. The following general rules apply, but be careful, because for many of these there are notable exceptions.

Each German noun has a grammatical gender, which means that the 'the' (*der, die das*), the 'a' (*ein, eine*) and the 'not a' (*kein, keine*) in front of the noun changes accordingly. The best way to cope with this is simply to learn the noun together with its gender. Learning the plural form will also be very useful.

So we get:

der Tisch (masculine)	*die Tische*	tables
die Uhr (feminine)	*die Uhren*	clocks
das Haus (neuter)	*die Häuser*	houses

However, there are some useful tips:

Masculine nouns are:

days (*der Sonntag*)
months (*der Mai*)
seasons (*der Winter*)
male persons (*der Onkel*)
makes of cars (*der Porsche*)
nouns ending in -*el* (*der Apfel*) or -*er* (*der Fernseher*)

Feminine nouns are:

female persons (*die Frau*)

nouns ending in: -*ei* (*die Bäckerei*)
-*ie* (*die Drogerie*)
-*ung* (*die Zeitung*)
-*heit* (*die Krankheit*)
-*keit* (*die Höflichkeit*)
-*tion* (*die Information*)
-*schaft* (*die Landschaft*)

Neuter nouns are:

infinitives as nouns (*das Schwimmen*)
nouns ending in: -*chen* (*das Mädchen*)
-*lein* (*das Männlein*)
-*o* (*das Radio*)
-*um* (*das Museum*)

1.2 Plural forms of nouns

Different groups of words change to certain plural endings. But generally the best advice is: **learn the word, the gender and the plural ending all at the same time.**

When we use the word in the plural, the word itself changes, but the article will always be *die*:

der Tisch – **die** Tische   *das Haus* – **die** Häuser

● Some tips for the plural

For masculine nouns the most usual plural is formed by adding -*e*, and often Umlauts are added:

der Tisch – die Tische
der Schrank – die Schränke

For feminine nouns the most usual ending is -*n* or -*en*:

die Blume – die Blumen
die Frau – die Frauen

Feminine nouns ending in -*in* add -*nen* in the plural:

die Freundin – die Freundinnen

For most common neutral nouns the usual ending is -*e*:

das Haar – die Haare
das Spiel – die Spiele

Don't be tempted to guess the gender of nouns. If you are unsure, look up the word in a dictionary or glossary and make sure that you take note of it and learn it.

1.3 Weak nouns

Some nouns are called 'weak' nouns. These are nouns which add -*en* or -*n* at the end of the word in all cases except the nominative. The same applies in the plural forms. The following show everyday examples of weak nouns in the nominative and the changes in the genitive and dative cases:

der Mensch (person)	*des Menschen/dem Menschen*
der Junge (boy)	*des Jungen/dem Jungen*
der Student (student)	*des Studenten/dem Studenten*
der Nachbar (neighbour)	*des Nachbarn/dem Nachbarn*
der Held (hero)	*des Helden/dem Helden*
der Kunde (customer)	*des Kunden/dem Kunden*

1.4 Adjectives used as nouns

Some adjectives can be used as nouns, in which case they begin with a capital letter and take whichever ending an adjective would take in that position in the sentence. For example, the noun meaning 'homeless' is an adjectival noun based on the adjective *obdachlos* (homeless).

Ein Obdachloser hat mir geholfen.
A homeless (male) person helped me.
(compare with: *Ein obdachloser Mann hat mir geholfen.*) A homeless man helped me.

Eine Obdachlose hat mir geholfen.
A homeless (female) person helped me.
(compare with: *Eine obdachlose Frau hat mir geholfen.*) A homeless woman helped me.

Ich habe mit einem Obdachlosen gesprochen.
I spoke to a homeless (male) person.
(compare with: *Ich habe mit einem obdachlosen Mann gesprochen.*) I spoke to a homeless man.

Viele Obdachlose waren da.
Lots of homeless people were there.

1.5 Definite and indefinite articles

● The definite article (*der, die, das*). Literally translated, the definite article means 'the'. The articles change their form to indicate the case, gender and number (i.e. singular or plural) of the noun they accompany (see cases below).

● The indefinite article (*ein, eine*). The indefinite article means 'a' or 'an'. *Ein* is used with masculine and neuter nouns, and *eine* with feminine nouns. Again, it changes its forms to indicate case, gender and number (see below).

● *Kein/Keine* are used to express 'none', 'no', 'not any'. They are case sensitive in the same way as the indefinite article:

*Meine Schwester hat **kein** Geld, **keinen** Mann und **keine** Freunde.* My sister has no money, no husband and no friends.

1.6 Cases

	masculine	feminine	neuter	plural
nominative	der/ein	die/eine	das/ein	die
accusative	den/einen	die/eine	das/ein	die
genitive	des/eines	der/einer	des/eines	der
dative	dem/einem	der/einer	dem/einem	den

Nominative

The nominative case is used to indicate the subject of the sentence. The subject is the person or thing 'doing' the action expressed by the verb.

***Der Junge** spielt sehr gerne Badminton.*
The boy likes playing badminton very much.

Accusative

The accusative case is used to indicate the direct object. This is the person or thing receiving the action.

*Ich habe gestern **den Eiffelturm** besichtigt.*
I visited the Eiffel Tower yesterday.

● The accusative case is used after certain prepositions (see Section 7). It is also used for time expressions such as: *letzten Monat* (last month), *nächsten Donnerstag* (next Thursday), *den ganzen Morgen* (the whole morning).

● Some common verbs are followed only by the accusative:

bitten	*Ich bitte dich.* I'm asking (requesting) you.
erreichen	*Er erreicht das Haus.* He reaches the house.
fragen	*Sie fragt ihre Mutter.* She asks her mum.
kennen	*Wir kennen ihn.* We know him.

lieben	*Ich liebe dich.* I love you.
bekommen	*Du bekommst das Fahrrad.* You are getting (going to get) the bike.
besuchen	*Sie besuchen ihre Großeltern.* They are visiting their grandparents.
verlassen	*Ich verlasse meinen Freund.* I'm leaving my boyfriend.

Genitive

● The genitive case is used to show possession and it translates 'of the/my', etc. Use the genitive to talk about what or to whom something belongs:

*Ich borge das Handy **eines** Freundes.*
I'm borrowing a friend's mobile. (I'm borrowing the mobile **of a** friend.)

*Manche prophezeien den Tod **des** Kinos.*
Some foresee the death **of the** cinema.

*Ein Vorteil **des** Autos ist ...*
One advantage **of the** car is ...

● The table below shows you how the definite and indefinite articles change in the genitive case and how you add an *-s* or *-es* to a singular masculine or neuter noun.

	masculine	feminine	neuter	plural
nominative	der/ein Mann	die/eine Frau	das/ein Kind	die Kinder
genitive	des/eines Mannes	der/einer Frau	des/eines Kindes	der Kinder

Dative

● The dative case is used to indicate the indirect object. This is the person or thing the action is being done 'to' or 'for'.

*Er gibt **dem Mann** seine CD.*
He gives his CD to the man.

● In the plural, the dative case must end in an *-n* for any noun not already ending in *-n*.

Er gibt seinen Schwestern alles.
He gives everything to his sisters.

● The dative case is used after certain prepositions (see Section 7).

● Some common verbs are followed only by the dative:

antworten	*Die Schüler antworten dem Lehrer.* The pupils answer the teacher.
danken	*Ich danke dir.* I thank you.
gefallen	*Das Kleid gefällt mir.* I like the dress.
gehören	*Die Jacke gehört meinem Vater.* The jacket belongs to my dad.

glauben	Er glaubt ihr.
	He believes her.
gratulieren	Sie gratuliert ihm zum Geburtstag.
	She wishes him happy birthday.
helfen	Sie hilft ihrer Mutter in der Küche.
	She helps her mum in the kitchen.

2 Adjectives and adverbs

2.1 Adjective agreement and position

When adjectives are used **after** a noun they do not add any sort of ending. When adjectives are used **before** a noun, however, they must have the appropriate adjectival ending. These endings change according to the gender, number and case of the noun. There are three sets of endings depending upon whether the noun comes after the definite article, the indefinite article or no article at all.

Weak endings

Endings following the definite article (der, die, das) and dieser, jener, jeder, mancher, welcher and solcher (as well as alle in the plural) are called **weak endings**:

	masculine	feminine	neuter	plural
nominative	der alte Mann	die alte Frau	das alte Haus	die alten Häuser
accusative	den alten Mann	die alte Frau	das alte Haus	die alten Häuser
genitive	des alten Mannes	der alten Frau	des alten Hauses	der alten Häuser
dative	dem alten Mann	der alten Frau	dem alten Haus	den alten Häusern

Mixed endings

Endings following the indefinite article (ein/eine) and mein/dein/sein/ihr/unser/euer/ihr/Ihr/kein are called **mixed endings**:

	masculine	feminine	neuter	plural
nominative	ein alter Mann	eine alte Frau	ein altes Haus	keine alten Häuser
accusative	einen alten Mann	eine alte Frau	ein altes Haus	keine alten Häuser
genitive	eines alten Mannes	einer alten Frau	eines alten Hauses	keiner alten Häuser
dative	einem alten Mann	einer alten Frau	einem alten Haus	keinen alten Häusern

Strong endings

Adjectival endings, where the adjective is not preceded by any kind of article, are called **strong endings**. Strong endings are also used after ein paar, einige, wenige, manche, viele and numbers. The adjective ending takes over the role of the article and therefore

looks similar to the definite article (except for the genitive):

	masculine	feminine	neuter	plural
nominative	alter Mann	alte Frau	altes Haus	alte Häuser
accusative	alten Mann	alte Frau	altes Haus	alte Häuser
genitive	alten Mannes	alter Frau	alten Hauses	alter Häuser
dative	altem Mann	alter Frau	altem Haus	alten Häusern

2.2 Comparatives and superlatives

A comparative adjective is formed by adding -er to the adjective, and the superlative is formed by adding -(e)ste. Adjective endings apply if the superlative or comparative precedes the noun:

der schöne Tag	the nice day
der schönere Tag	the nicer day
der schönste Tag	the nicest day

- Sometimes an **-e-** is added to make the word easier to pronounce:

nett	netter	am nettesten

- Sometimes the first vowel adds an **umlaut**:

groß	größer	größte
hoch	höher	höchste
nah	näher	nächste

- Some exceptions:

gut	besser	beste
gern	lieber	liebste
viel	mehr	meiste

- In the comparative **als** is used for 'than':

Meine Stimme ist **schöner als** deine Stimme.
My voice is more beautiful than your voice.

- To express 'of all', German puts **aller-** before the superlative:

das **allerschönste** Lied
the most beautiful song of all

- As adjectives can be used as nouns (see Section 1.4), **nouns can also be formed from the comparative and the superlative**:

der Geduldigere	the more patient one
der Geduldigste	the most patient of all

- The genders of these nouns depend on what the nouns are referring to:

Wir haben viele Lieder gesungen, **das Beste** war … (**das Beste** referring to das Lied)

Ich habe drei CDs gekauft, **die Beste** ist … (**die Beste** referring to die CD)

2.3 Demonstrative adjectives

Like other adjectives, demonstrative adjectives *dieser* (this) and *jener* (that) must agree with the noun they describe.

masculine	feminine	neuter	plural
dieser	*diese*	*dieses*	*diese*

When used with an adjective, they work in the same way as the definite article:

masculine	*dieser/jener große Hund*
feminine	*diese/jene große Stadt*
neuter	*dieses/jenes große Haus*
plural	*diese/jene großen Geschäfte*

2.4 Possessive adjectives and pronouns

- Possessive adjectives are words for *my, your, her,* etc. They follow the same pattern as *ein, eine, ein.* Here is a list of all the possessive adjectives in the nominative, singular.

ich	mein	my
du	dein	your
er	sein	his
sie	ihr	her
es	sein	its
wir	unser	our
ihr	euer	your (plural)
Sie	Ihr	your (formal)
sie	ihr	their

- The ending of the possessive adjective always corresponds to the person or thing that follows it, in terms of case, gender, and number.

	masculine	feminine	neuter	plural
nominative	*mein*	*meine*	*mein*	*meine*
accusative	*meinen*	*meine*	*mein*	*meine*
genitive	*meines*	*meiner*	*meines*	*meiner*
dative	*meinem*	*meiner*	*meinem*	*meinen*

nominative	*Das ist mein CD-Spieler.* That is my CD player. *Das sind meine drei CD-Spieler.* Those are my three CD players.
accusative	*Ich gebe dir meinen CD-Spieler.* I'll give you my CD player.
genitive	*Das ist der Deckel meines CD-Spielers.* That's the lid of my CD player.
dative	*Ich gebe meinem Bruder einen Tritt.* I kick my brother.

- The genitive is usually used where English uses apostrophes:

Das ist die Jacke meines Bruders.
That is my brother's jacket./That is the jacket of my brother.

The exception is when a person is referred to by name. However, then the 's' is simply added on without an apostrophe:

Das ist Petras Kleid.   That is Petra's dress.

- You can avoid using the genitive by using *von* + dative. It is not considered to be as elegant as the genitive, but is used by many people in conversation.

Das ist die Tasche von meiner Mutter.
That is my mother's bag./That is the bag of my mother.

2.5 Interrogative adjectives

The question word *welch…* is an interrogative adjective meaning 'which'. It takes the same endings as *dies…* (this), *jed…* (every) and *jen…* (that).

Welches Produkt ist das? Which product is that? (nominative because it is the subject of the sentence, neuter because of *Produkt*)

Welchen Werbespot magst du? Which advertisement do you like? (accusative because it is the direct object of *mögen*, masculine because of *Werbespot*)

In welchem Text werden die folgenden Themen oder Begriffe erwähnt? In which text are the following themes mentioned? (dative after the preposition *in*, with no motion implied, and masculine because of *Text*)

Welchen Ansichten stimmen Sie zu? Which views do you agree with? (dative because it is the indirect object of *zustimmen* (a dative verb), plural because of *Ansichten*)

2.6 Adverbs

In English, adverbs are often formed by adding '-ly' to an adjective. German adverbs, however, are usually written in the same way as the corresponding adjective. Adverbs do not take adjectival endings:

Er lief schnell zur Schule. He ran quickly to school.

Sie fuhr langsam die Straße entlang. She drove slowly along the road.

If more than one adverb occurs in a sentence, the normal word order is **time, manner, place**:

	Time	Manner	Place	
Ich fahre	*heute*	*mit dem Bus*	*in die Stadt.*	I'm going into town by bus today.

Note that you cannot insert an adverb between the subject and the verb as you can in English.

Ich fahre oft in die Stadt.   I often go to town.

Qualifiers

Common qualifiers in German include:

sehr	very/really
besonders	particularly/especially
kaum	hardly, scarcely
recht	quite, very
wenig	not very

These qualifiers can be placed in front of adjectives, adverbs, verbs and nouns:

Der Werbespot gefällt mir sehr.
I really like the advertisement.

Kinder mögen solche Werbung besonders gern.
Children particularly like this sort of advertisement.

Das Stern-Symbol fällt kaum jemandem auf.
Hardly anyone notices the star sign.

Der Artikel ist wenig interessant.
The article is not very interesting.

Comparatives and superlatives of adverbs

These work in the same way as adjectives. (See Section 2.2 Comparatives and superlatives.)

Interrogative adverbs

(See Section 6 Interrogative forms.)

2.7 Particles – *doch, ja, mal, schon, eben*

In German, particles such as *doch, ja, mal, schon* and *eben* can be used to 'flavour' a sentence, usually with some kind of emphasis. They are difficult to translate into English, which often relies on subtleties of intonation instead. Here are a few examples:

*Komm **doch** rein!* Do come in! (intensifying the command – What on earth are you waiting for?)

*Sie wissen **ja**, was passieren wird.* You do know what's going to happen. (emphasis – You really do know …)

*Darf ich es **mal** sehen?* May I just have a look? (encouragement, persuasion – Come on, it's no big deal.)

*Es macht **schon** Spaß, diese Fragen zu beantworten.* It's fun answering these questions. (emphasis – It really is fun.)

■ 3 Pronouns

3.1 Personal pronouns

The subject pronouns are:

Singular		Plural	
ich	I	*wir*	we
du	you	*ihr*	you (plural)
er	he	*Sie*	you (formal)
sie	she	*sie*	they
es	it		

Pronouns also change their form to indicate different cases. The following table shows you the same pronouns but in the accusative and dative cases.

Nominative	Accusative	Dative
ich	*mich*	*mir*
du	*dich*	*dir*
er	*ihn*	*ihm*
sie	*sie*	*ihr*
es	*es*	*ihm*
wir	*uns*	*uns*
ihr	*euch*	*euch*
Sie	*Sie*	*Ihnen*
sie	*sie*	*ihnen*

3.2 Position and order

Note the word order when there are two pronouns as objects. The accusative comes before the dative:

Er gibt es mir.   He gives it (to) me.

If a noun and a pronoun occur together, the pronoun always comes first:

*Er gibt **mir** das Buch.*   He gives me the book.

3.3 Reflexive pronouns

(See Section 4.11 on Reflexive verbs.)

3.4 Relative pronouns

● In English, these are 'who', 'which', 'that', 'whose', etc., as in the sentence: '**That** is the man **who** gave me the money'.

In German, the relative pronoun must agree in gender and number to the word to which it relates: *Das ist **der Mann, der**… / Das ist **die Frau, die** …*

● The case of the pronoun will be determined by its function in the relative clause. If the pronoun is the subject of the verb in the relative clause, then it will be in the nominative case. If it is the object of the verb in the relative clause, it will be in the accusative case. Below is a table which sets out relative pronouns for all cases.

	masculine singular	feminine singular	neuter singular	plural
nominative	der	die	das	die
accusative	den	die	das	die
genitive	dessen	deren	dessen	deren
dative	dem	der	dem	denen

*Eine erlaubte Droge ist das Koffein, **das** in Kaffee vorkommt.* Caffeine is a permitted drug that is present in coffee. (The relative pronoun *das* is neuter because it refers back to *Koffein* and nominative because it is the subject of *vorkommt*, i.e. it is the caffeine which occurs.)

*Das war vielleicht der Wein, **den** wir gestern getrunken haben.* It was probably the wine that we drank yesterday. (The relative pronoun *den* is masculine because it refers back to *Wein* and accusative because it is the object of *getrunken haben*, i.e. someone drank the wine.)

*Sie sind natürliche Stoffe, **deren** Wirkung man noch nicht abschätzen kann.* They are natural substances, the effect of which cannot yet be evaluated. (The relative pronoun *deren* is plural because it refers back to *Stoffe* and genitive because it combines with *Wirkung* to mean 'the effect of which'.)

*Dort werden verschiedene Substanzen zu Pillen zusammengemixt, **die** eine starke Rauschwirkung haben.* Different substances are mixed together to make pills which have a strong narcotic effect. (The relative pronoun *die* is plural because it refers back to *Substanzen* and nominative because it is the subject of *haben*, i.e. it is the substances which have an effect.)

*Abhängige landen immer bei einem Dealer, **der** sehr viel Geld nimmt.* Addicts always end up with a dealer who charges a lot of money. (The relative pronoun *der* is masculine because it refers back to *Dealer* and nominative because it is the subject of *nimmt*, i.e. it is the dealer who takes the money.)

- In German, unlike in English, the relative pronoun can never be omitted:

  *Was hast du mit der Flasche Schnaps gemacht, **die** ich gestern gekauft habe?*
  What have you done with the bottle of schnaps I bought yesterday?

- When the relative pronoun is governed by a preposition, the preposition goes before the relative pronoun and the relative pronoun takes the appropriate case for that preposition:

  *Leute, mit **denen** ich arbeite ...* People (who) I work with ... (*denen* is plural because it refers back to *Leute* and dative because it comes after *mit*)

- The word *was* is used as a relative pronoun after *etwas*, *nichts*, *alles* and a superlative, as well as when referring back to a whole clause rather than a single word:

  *Ich weiß etwas, **was** ihr nicht wisst.* I know something that you don't know.

  *Ich esse nichts, **was** schlecht für die Gesundheit ist.* I don't eat anything that is bad for one's health.

  *Hast du alles, **was** wir brauchen?* Have you got everything that we need?

  *Sie raucht nicht mehr, **was** mir gut gefällt.* She doesn't smoke any more which I'm pleased about.

3.5 Indefinite pronouns

The indefinite pronouns *jemand* (someone) and *niemand* (no-one) have optional case endings as follows:

nominative	jemand	niemand
accusative	jemand(en)	niemand(en)
genitive	jemand(e)s	niemand(e)s
dative	jemand(em)	niemand(em)

*Ich habe **niemand** gesehen./Ich habe **niemanden** gesehen.* I saw no-one.

*Wir müssen mit **jemand** sprechen./Wir müssen mit **jemandem** sprechen.* We must speak to someone.

3.6 Possessive pronouns

(See Section 2.4 Possessive adjectives.)

3.7 Interrogative pronouns

(See Section 6 Interrogative forms.)

4 Verbs

- Verbs are words that denote an activity (e.g. 'go', 'work', 'buy'), and are therefore also called 'action' words.

- The infinitive: All German verbs are found in the dictionary ending with *-en* or *-n*: *spielen, fahren, tanzen, lächeln*. This is called the infinitive. The infinitive without the *-en* or *-n* is called the stem.

- There are regular (weak) verbs and irregular (strong) verbs, and some mixed verbs.

- Most verbs in German are regular, which means they follow a regular pattern in all tenses. The irregular verbs and mixed verbs follow an irregular pattern, in most cases involving a vowel change. There are just a few of these verbs, and they need to be learned.

4.1 The present tense

The German present tense has two meanings in English:

ich spiele   I play **or** I am playing
wir essen   we eat **or** we are eating

Formation of regular verbs

To form the present tense of regular (weak) verbs, take off the final *-en* or *-n* from the infinitive and add back the endings as shown in the two examples below:

spielen to play	*lernen* to learn
ich spiele	*ich lerne*
du spielst	*du lernst*
er/sie/es spielt	*er/sie/es lernt*
ihr spielt	*ihr lernt*
wir spielen	*wir lernen*
Sie/sie spielen	*Sie/sie lernen*

Formation of irregular verbs

Some verbs are irregular in the present tense. Two very important irregular verbs are:

haben to have	*sein* to be
ich habe	*ich bin*
du hast	*du bist*
er/sie/es hat	*er/sie/es ist*
wir haben	*wir sind*
ihr habt	*ihr seid*
Sie/sie haben	*Sie/sie sind*

- Irregular verbs do not have quite the same pattern as regular verbs. However, the differences are only slight and are to be found in the *du, er, sie* and *es* forms of the verb. Sometimes you add an *Umlaut* (ö, ä, ü) and sometimes there is a vowel change:

	fahren to drive	*laufen* to run	*tragen* to carry
du	*fährst*	*läufst*	*trägst*
er/sie/es	*fährt*	*läuft*	*trägt*

- Other useful verbs which change in the same way are:

empfangen	to receive
fallen	to fall
fangen	to catch
halten	to stop
schlafen	to sleep
schlagen	to hit
tragen	to carry/wear
waschen	to wash

- Some common irregular verbs where there is a vowel change are:

	du	*er/sie/es*
essen	*isst*	*isst*
geben	*gibst*	*gibt*
empfehlen	*empfiehlst*	*empfiehlt*
helfen	*hilfst*	*hilft*
lesen	*liest*	*liest*
nehmen	*nimmst*	*nimmt*
sehen	*siehst*	*sieht*
sprechen	*sprichst*	*spricht*
treffen	*triffst*	*trifft*
vergessen	*vergisst*	*vergisst*
wissen	*weißt*	*weiß*

Separable verbs

With separable verbs, such as *aufstehen* (to get up), *fernsehen* (to watch TV), *anmachen* (to switch on), the prefix (which adds meaning to the verb) always separates from the verb and goes to the end of the sentence or clause, while the main part of the verb stays in its normal position with its appropriate ending:

Ich stehe um 7 Uhr auf.   I get up at 7 o'clock.

Sie sieht jeden Tag fern.
She watches television every day.

Wir machen den Fernseher an.
We're switching the television on.

In every other way separable verbs work in the same way as normal verbs in the present tense, some being regular and some irregular:

kennen lernen	to get to know (someone)
losfahren	to set off (in a vehicle)
einsteigen	to get on (board)
aufwachen	to wake up
zurückkommen	to come back
abtrocknen	to dry the dishes
mitkommen	to come with/accompany
weiterstudieren	to carry on studying

Modal verbs in the present tense

There are six modal verbs which are commonly used in German. They are irregular, and they are mostly used with another verb, which is always used in the infinitive form and goes at the end of the sentence.

Ich muss jeden Tag Klavier üben.   I have to (must) practise piano every day.

Ich kann Gitarre spielen.   I can play the guitar.

- *müssen*   to have to, must
  (Note: *müssen + nicht* = don't have to)

  Du musst deine Musik nicht so laut aufdrehen.
  You don't have to turn up your music so loud.

- **können**   to be able to, can

  *Er **kann** gut Deutsch.*
  He can speak good German. (often used on its own without an infinitive)

  *Das **kann** sein.*   That may be.

- **dürfen**   to be allowed to, may

  *Du **darfst** deine Musik nicht so laut aufdrehen.*
  You musn't turn up your music so loud.

  *Du **darfst** nicht auf der Straße spielen.*
  You musn't play in the road.

  ***Darf** ich bitte Ihre Fahrkarten sehen?*
  May I see your tickets, please?

- **mögen**   to like

  *Ich **mag** diese CD.*   I like this CD.
  (a catch-all way of expressing what you like)

  ***Magst** du Horrorfilme?*   Do you like horror films?

- **wollen**   to want to

  *Ich **will** jetzt nach Hause gehen.*
  I want to go home now.

- **sollen**   shall, to be supposed to, to be said to

  *Ich **soll** nächste Woche nach Berlin fahren.*
  I am to go to Berlin next week.

  *Er **soll** sehr intelligent sein.*
  He is supposed to be very intelligent.

  *Sie **soll** sehr reich sein.*
  She is said to be very rich.

	können	dürfen	müssen	wollen	sollen	mögen
ich	kann	darf	muss	will	soll	mag
du	kannst	darfst	musst	willst	sollst	magst
er/sie/es	kann	darf	muss	will	soll	mag
wir	können	dürfen	müssen	wollen	sollen	mögen
ihr	könnt	dürft	müsst	wollt	sollt	mögt
Sie/sie	können	dürfen	müssen	wollen	sollen	mögen

4.2 The perfect tense

In German the perfect tense describes events which have taken place in the past. It usually translates what someone 'has done' or 'did', e.g. 'I looked', 'I have looked'. In German there is little difference in meaning between the perfect and imperfect tenses. For most verbs the perfect tense tends to be used more in speech and the imperfect more in formal writing such as in books, magazines, newspapers and reports.

All verbs in the perfect tense use the **present tense** of one of two auxiliary verbs, plus a past participle. Most verbs use *haben* as the auxiliary, but a significant number of common verbs use *sein*. The latter tend to be verbs of motion or represent a change from one

state to another, e.g. *aufwachen* (change from being asleep to being awake) or *wachsen* (change from being small to being larger). The **past participle** (the perfect tense bit of the verb) goes to the end of the sentence or clause with both *haben* and *sein* verbs.

- Using **haben** as an auxiliary:

  *Ich **habe** meine Hausaufgaben **gemacht**.*
  I have done my homework.

  *Du **hast** kein Bier **gekauft**.*
  You haven't bought any beer.

  *Er **hat** sehr gut **gespielt**.*
  He played well.

  *Sie **hat** schon tausend Euro **gespart**.*
  She has saved 1000 Euros.

  *Es **hat** gestern viel **geregnet**.*
  It rained a lot yesterday.

  *Wir **haben** nur wenig in dieser Stunde **gelernt**.*
  We didn't learn much in this lesson.

  *Ihr **habt** prima **getanzt**.*
  You (plural) danced brilliantly.

  *Sie **haben** zu viel **gesagt**.*
  You (formal) said too much.

  *Sie **haben** jeden Tag Klavier **geübt**.*
  They practised the piano every day.

- Using **sein** as an auxiliary:

  *Ich **bin** um neun Uhr **angekommen**.*
  I arrived at nine o'clock.

  *Du **bist** sehr früh **aufgewacht**.*
  You woke very early.

  *Er **ist** den ganzen Tag zu Hause **geblieben**.*
  He stayed at home all day.

  *Sie **ist** kurz nach dem Mittagessen **losgefahren**.*
  She set off shortly after lunch.

  *Es **ist** viel kälter **geworden**.*
  It has become much colder.

  *Wir **sind** nach Portugal **geflogen**.*
  We flew to Portugal.

  *Ihr **seid** ziemlich spät **aufgestanden**.*
  You got up fairly late.

  *Sie **sind** leider zu schnell **gefahren**.*
  Unfortunately you drove too quickly.

  *Sie **sind** an der falschen Haltestelle **ausgestiegen**.*
  They got out at the wrong stop.

- The past participle of many weak (regular) verbs is formed by adding *ge-* before the stem and *-t* to the end of the stem:

malen	**gemalt**
sammeln	**gesammelt**
speichern	**gespeichert**

- Verbs of which the stem ends in *-t*, *-d* or more than one consonant have an extra *-e-*:

arbeiten	*gearbeitet*
enden	*geendet*
trocknen	*getrocknet*

- Verbs ending in *-ieren* do not have *ge-* before the stem:

telefonieren	*telefoniert*
informieren	*informiert*

- Verbs beginning with an inseparable prefix, e.g. *be-*, *emp-*, *ent-*, *er-*, *ge-*, *ver-* and *zer-*, do not have *ge-* before the stem:

verkaufen	*verkauft*
besuchen	*besucht*

- Verbs beginning with a separable prefix, e.g. *auf-*, *aus-*, *ein-* and *zu-*, have the *-ge-* between the prefix and the stem:

einwandern	*ein**ge**wandert*
aufwachen	*auf**ge**wacht*

- The past participle of strong (irregular), mixed and modal verbs must be learnt separately for each verb. Here are a few examples:

geben	*gegeben*
beginnen	*begonnen*
ausgehen	*ausgegangen*
bringen	*gebracht*
können	*gekonnt*

- Modal verbs all form their perfect tense with *haben* as the auxiliary verb:

	müssen	können	dürfen	mögen	wollen	sollen
ich habe	gemusst	gekonnt	gedurft	gemocht	gewollt	gesollt
du hast	gemusst	gekonnt	gedurft	gemocht	gewollt	gesollt
er/ sie/ es hat	gemusst	gekonnt	gedurft	gemocht	gewollt	gesollt
wir haben	gemusst	gekonnt	gedurft	gemocht	gewollt	gesollt
ihr habt	gemusst	gekonnt	gedurft	gemocht	gewollt	gesollt
Sie/ sie haben	gemusst	gekonnt	gedurft	gemocht	gewollt	gesollt

- **Weak (regular) verbs** add the endings shown below to the stem of the verb.

ich	spiel**te**	wir	spiel**ten**
du	spiel**test**	ihr	spiel**tet**
er/sie/es	spiel**te**	Sie/sie	spiel**ten**

- **Strong (irregular) verbs** change their stem in the imperfect and each form has to be learnt. Remember that the *ich* form of the imperfect of irregular verbs is the same as the *er*, *sie* and *es* forms. Add *-st* to the *du* form and *-t* to the *ihr* form. For *wir*, *Sie* and *sie*, simply add *-en* to the stem.

ich	ging	wir	ging**en**
du	ging**st**	ihr	ging**t**
er/sie/es	ging	Sie/sie	ging**en**

- **Mixed verbs** combine a change in their stem with *-te* endings of the regular verbs.

haben – ich hatte	*denken – ich dachte*
kennen – ich kannte	*rennen – ich rannte*
wissen – ich wusste	*nennen – ich nannte*
bringen – ich brachte	*brennen – ich brannte*
verbringen – ich verbrachte	

- Watch out for *sein* (to be):

ich	war	wir	waren
du	warst	ihr	wart
er/sie/es	war	Sie/sie	waren

- The most irregular verb is *werden* (to become). It ends in *-de* instead of *-te*:

ich	wurde	wir	wurden
du	wurdest	ihr	wurdet
er/sie/es	wurde	Sie/sie	wurden

- Modal verbs in the past tense are mostly used in their imperfect form:

	können	dürfen	müssen	wollen	sollen	mögen
ich	konnte	durfte	musste	wollte	sollte	mochte
du	konntest	durftest	musstest	wolltest	solltest	mochtest
er/sie/es	konnte	durfte	musste	wollte	sollte	mochte
wir	konnten	durften	mussten	wollten	sollten	mochten
ihr	konntet	durftet	musstet	wolltet	solltet	mochtet
Sie/sie	konnten	durften	mussten	wollten	sollten	mochten

4.3 The imperfect tense/simple past tense

The imperfect tense is also called the simple past tense, because the verb consists of just one element. The imperfect can be used for any action in the past and has the same meaning as the perfect tense (*ich spielte* = I played, I used to play, I was playing, I did play). The imperfect tends to be used more in written German, but can also be used in speech. Frequently-used verbs like modal and mixed verbs are often only used in the imperfect, as it is easier.

4.4 The future tense

The future tense is used to make predictions and statements about the future, to say something **will** happen. In German the future tense is formed by combining the present tense of *werden* with the infinitive of the appropriate verb, which goes to the **end of the clause**.

***Ich werde** um 9 Uhr **kommen**.*
I will come at nine o'clock.

***Du wirst** morgen wenig Zeit **haben**.*
You won't have much time tomorrow.

*Er wird am Wochenende Fußball **spielen**.*
He will play football at the weekend.

*Sie wird nicht ohne ihre Schwester **gehen**.*
She won't go without her sister.

*Es wird morgen **regnen**.*
It will rain tomorrow.

*Wir werden den Zug sicher **verpassen**.*
We will definitely miss the train.

*Ihr werdet das hoffentlich bald **verstehen**.*
You (plural) will hopefully soon understand it.

*Sie werden ihn bestimmt **erkennen**.*
You (formal) will certainly recognise him.

*Sie werden nächste Woche nach Berlin **fahren**.*
They will go to Berlin next week.

If the sentence includes a time phrase, then the **present tense** can convey a future meaning:

Ich helfe Ihnen gern nächste Woche.
I'll gladly help you next week.

4.5 The conditional

The conditional is used to talk about what **would happen** or how something **would be** in the future.

The tense is formed from the subjunctive form of *werden* and an infinitive at the end of the sentence or clause:

ich würde	I would
du würdest	you would
er/sie/es würde	he/she/it would
wir würden	we would
ihr würdet	you would
Sie/sie würden	you/they would

Ich würde nach Amerika fliegen.
I would fly to America.

Wir würden nächstes Jahr mehr Geld verdienen.
We would earn more money next year.

Das würde ich gerne machen.
I would like to do that./I would happily do that.

The conditional is often combined with another subjunctive clause beginning with *wenn* (if) (see Section 4.10 The Subjunctive):

*Ich **würde** nach Berlin fahren, wenn ich mehr Zeit **hätte**.*
I would go to Berlin if I had more time.

*Er **würde** für die Schulmannschaft spielen, wenn er besser **wäre**.*
He would play for the school team if he were better.

4.6 The pluperfect tense

The pluperfect tense is usually used in conjunction with the imperfect tense. When narrating events that happened in the past, the pluperfect is used to describe events which happened earlier, before the events being narrated. It is used in English in phrases like 'had seen', 'had eaten', e.g. When I went into town I saw a friend who **had** just **bought** an iPod.

*Ich **hatte** nichts über das Internet **gewusst**, als ich in die Klasse kam.* I had known nothing about the Internet when I started the class.

*Ich **hatte gedacht**, dass junge Leute respektlos und frech sind, aber jetzt finde ich sie nett.* I had thought that young people are disrespectful and cheeky but now I think they are nice.

The pluperfect tense is formed with the same pattern as the perfect tense. However, instead of using the present tense of the auxiliary verb (*hat* or *ist*, for example), the imperfect tense of the verb is used (*hatte* or *war*). The auxiliary verb is usually in second position and the past participle usually in final position, as for the perfect tense.

ich hatte	*gekauft*	I had bought
du hattest	*gekauft*	you had bought
er hatte	*gespielt*	he had played
sie hatte	*gesehen*	she had seen
es hatte	*geschneit*	it had snowed
wir hatten	*gewusst*	we had known
ihr hattet	*gefunden*	you (plural) had found
Sie hatten	*gehört*	you (formal) had heard
sie hatten	*gelacht*	they had laughed
ich war	*gekommen*	I had come
du warst	*aufgestanden*	you had got up
er war	*geblieben*	he had stayed
sie war	*aufgewacht*	she had woken up
es war	*gesprungen*	it had jumped
wir waren	*eingestiegen*	we had boarded (got on)
ihr wart	*ausgegangen*	you (plural) had gone out
Sie waren	*losgefahren*	you (formal) had set off
sie waren	*geflogen*	they had flown

(See Section 4.2 The perfect tense, for information on past participles.)

4.7 Recognising the future perfect and the conditional perfect tenses

Future perfect

The future perfect tense tells you what **will have happened**. It is used in a similar way to English (*shall/will have done*) and indicates that an action will have been completed by a certain time in the future.

The future perfect is formed by using the present tense of the verb *werden* plus the past participle of the main verb. The auxiliary verb (either *haben* or *sein*) is in the infinitive, depending on how the verb would form its perfect tense:

Er wird Tennis gespielt haben.
He will have played tennis.

ich werde	gesprochen haben	I will have spoken
du wirst	gegessen haben	you will have eaten
er wird	gemacht haben	he will have done
sie wird	gesagt haben	she will have said
es wird	geregnet haben	it will have rained
wir werden	gelesen haben	we will have read
ihr werdet	gefunden haben	you (plural) will have found
Sie werden	gekauft haben	you (formal) will have bought
sie werden	gehört haben	they will have heard
ich werde	gefahren sein	I will have driven
du wirst	geschwommen sein	you will have swum
er wird	aufgewacht sein	he will have woken up
sie wird	geflogen sein	she will have flown
es wird	gegangen sein	it will have gone
wir werden	zurückgekommen sein	we will have come back
ihr werdet	aufgestanden sein	you (plural) have got up
Sie werden	spazierengegangen sein	you (formal) will have gone for a walk
sie werden	ausgegangen sein	they will have gone out

Conditional perfect

The **conditional perfect** tells you what **would have happened**. This tense is formed in a similar way to the future perfect, but by using the **conditional tense** of werden.

Ich würde das Mittagessen gegessen haben.
I would have eaten lunch.

Du würdest ihn gesehen haben.
You would have seen him.

Er würde den Hund gefunden haben.
He would have found the dog.

Sie würde ihr Geld verloren haben.
She would have lost her money.

Es würde zu viel gekostet haben.
It would have cost too much.

Wir würden den Eiffelturm besichtigt haben.
We would have visited the Eiffel Tower.

Ihr würdet Tennis gespielt haben.
You (plural) would have played tennis.

Sie würden den letzten Bus verpasst haben.
You (formal) would have missed the last bus.

Sie würden ihn nicht erkannt haben.
They would not have recognised him.

4.8 The passive voice

Many ideas can be expressed in either the active or the passive form. The active form often places the emphasis on the person or thing initiating an action, while the passive form places the emphasis on the person or thing on the receiving end of an action. In English, for example, 'My mother bought the car' is active and 'The car was bought by my mother' is passive.

In German, as in English, the passive is formed by combining a past participle with the appropriate tense of the auxiliary verb. However, the auxiliary verb in German is *werden* whereas in English it is 'to be'.

Present tense

ich werde ... gesehen	I am (being) seen
du wirst ... gesehen	you are (being) seen
er/sie/es wird ... gesehen	he/she/it is (being) seen
wir werden ... gesehen	we are (being) seen
ihr werdet ... gesehen	you are (being) seen
Sie/sie werden ... gesehen	you/they are (being) seen

Imperfect tense

ich wurde ... gesehen	I was seen
du wurdest ... gesehen	you were seen
er/sie/es wurde ... gesehen	he/she/it was seen
wir wurden ... gesehen	we were seen
ihr wurdet ... gesehen	you were seen
Sie/sie wurden ... gesehen	you/they were seen

Perfect tense

ich bin ... gesehen worden
I have been/was seen

du bist ... gesehen worden
you have been/were seen

er/sie/es ist ... gesehen worden
he/she/it has been/was seen

wir sind ... gesehen worden
we have been/were seen

ihr seid ... gesehen worden
you have been/were seen

Sie/sie sind ... gesehen worden
you/they have been/were seen

Pluperfect tense

ich war ... gesehen worden
I had been/was seen

du warst ... gesehen worden
you had been/were seen

er/sie/es war ... gesehen worden
he/she/it had been/was seen

wir waren ... gesehen worden
we had been/were seen

ihr wart ... gesehen worden
you had been/were seen

Sie/sie waren ... gesehen worden
you/they had been/were seen

Future tense

ich werde … gesehen werden
I will be seen

du wirst … gesehen werden
you will be seen

er/sie/es wird … gesehen werden
he/she/it will be seen

wir werden … gesehen werden
we will be seen

ihr werdet … gesehen werden
you will be seen

Sie/sie werden … gesehen werden
you/they will be seen

The **passive infinitive** is formed by combining the past participle of the verb with the infinitive *werden*. It is used with modal verbs:

Sie können unterstützt werden.
They can be supported.

Er musste bezahlt werden.
He had to be paid.

Das darf nicht vergessen werden.
That mustn't be forgotten.

4.9 Imperatives

The imperative is used to give instructions and commands. In German the imperative or command form of each verb exists in three forms: *du*, *ihr* and *Sie*.

The ***du*-form** of the imperative is formed by taking the *du*-form of the present tense and deleting the *-st*. However, where the vowel is *-a-* in the infinitive but *-ä-* in the *du*-form, then the vowel in the imperative is *-a-*, i.e. the same as the infinitive. The reflexive pronoun *dich* or *dir* comes after the verb, but before the reflexive pronoun if there is one.

The ***ihr*-form** of the imperative is always the same as the normal *ihr*-form of the verb, but with the *ihr* omitted, e.g. *Kommt! Lest! Beeilt euch!*

The ***Sie* form** of the imperative is the same as the normal *Sie*-form of the verb, but with the *Sie* after the verb, e.g. *Kommen Sie! Lesen Sie! Beeilen Sie sich!*

kommen	*du kommst*	*Komm!*
zeigen	*du zeigst*	*Zeig!*
sich beeilen	*du beeilst dich*	*Beeil dich!*
arbeiten	*du arbeitest*	*Arbeite!*
reden	*du redest*	*Rede!*
fahren	*du fährst*	*Fahr!*
abnehmen	*du nimmst ab*	*Nimm ab!*
sich anziehen	*du ziehst dich an*	*Zieh dich an!*

The imperative forms of **sein** are: *Sei! Seid! Seien Sie!*

4.10 The subjunctive

The subjunctive is used particularly in reported speech, i.e. telling the reader or listener what someone has said. The tense is divided into Subjunctive 1 (*Konjunktiv 1*) and Subjunctive 2 (*Konjunktiv 2*). Subjunctive 1 is used to express reported speech when the subjunctive form is different from the normal present tense.

There is no distinction between regular and irregular verbs. They all follow the same pattern except for *sein* which is irregular (see the past tense section below). Modern English has only a few remaining examples of the subjunctive, e.g. 'If I were you …'.

In German, use of the subjunctive also indicates that the words being reported may not be true. The reader or listener must judge for themselves. In reality, it really does not matter which tense of the subjunctive is used. Because so many forms of the subjunctive are the same as the indicative (present tense), the overriding rule is that a tense should be used which can be **seen** to be subjunctive.

Subjunctive 1

	Present tense	Subjunctive 1
ich	*spiele*	*spiele*
du	*spielst*	*spielest*
er/sie/es	*spielt*	*spiele*
wir	*spielen*	*spielen*
ihr	*spielt*	*spielet*
Sie/sie	*spielen*	*spielen*

Er sagte: „Ich spiele morgen Fußball."
He said: "I'm playing football tomorrow."

Er sagte, er spiele morgen Fußball.
He said he's playing football tomorrow.

The important verbs *haben* and *sein* form the present subjunctive as follows:

haben	*sein*
ich habe	*ich sei*
du habest	*du seiest*
er/sie/es habe	*er/sie/es sei*
wir haben	*wir seien*
ihr habet	*ihr seiet*
Sie/sie haben	*Sie/sie seien*

If the speaker's words were in the past tense, the reported speech uses Subjunctive 1 with the appropriate past participle:

Er sagte: „Ich habe letzte Woche Fußball gespielt." He said: "I played football last week."

*Er sagte, er **habe** letzte Woche Fußball **gespielt**.*
He said he played football last week.

*Sie sagte: „Ich bin gestern nach Berlin **geflogen**."*
She said: "I flew to Berlin yesterday."

*Sie sagte, sie **sei** gestern nach Berlin **geflogen**.*
She said she flew to Berlin yesterday.

Subjunctive 2

If Subjunctive 1 is the same as the present tense, the Subjunctive 2 forms are used instead to make it clear that it is reported speech. The form of **Subjunctive 2 weak verbs** is identical to the Simple past (imperfect) tense.

	Imperfect	Subjunctive 2
ich	*machte*	*machte*
du	*machtest*	*machtest*
er/sie/es	*machte*	*machte*

- For **Subjunctive 2 strong verbs** the following endings are added to the imperfect stem. If the vowel of the stem is a/o/u, an Umlaut is also added:

	kommen	*gehen*	*geben*
ich	*käme*	*ginge*	*gäbe*
du	*kämest*	*gingest*	*gäbest*
er/sie/es	*käme*	*ginge*	*gäbe*
wir	*kämen*	*gingen*	*gäben*
ihr	*kämet*	*ginget*	*gäbet*
Sie/sie	*kämen*	*gingen*	*gäben*

„Wir kommen zur Party", sagten Toby und Petra.
"We're coming to the party", said Toby and Petra.

*Toby und Petra sagten, sie **kämen** zur Party.*
Toby and Petra said they are coming to the party.

- Everything that is said should be put into the subjunctive. If perfect and/or pluperfect tenses are in the original words, this should be reflected in the reported speech:

„Wir sind zur Party gegangen, nachdem wir unsere Arbeit gemacht hatten", sagten die Mädchen.
"We went to the party after we had finished our work", said the girls.

*Die Mädchen sagten, sie **seien** zur Party gegangen, nachdem sie ihre Arbeit **gemacht hätten**.*
The girls said they went to the party after they had finished their work.

- There are also some standard phrases where the subjunctive is used as a matter of course:

*Das **wäre** prima!*
That would be great!

*Ich **hätte** gerne etwas Billigeres.*
I would like something cheaper.

*Das **wäre** es, danke.*
That's everything, thank you.

*Wie **wäre** es mit einem Ausflug?*
How about a trip?

*Ich **hätte** eine Bitte.*
I have a request.

***Hätten** Sie etwas Zeit für mich?*
Have you any time for me?

4.11 Reflexive verbs

Reflexive verbs are far more common in German than in English. Few English verbs require a reflexive pronoun (myself, yourself, himself, etc.). Often, the German reflexive pronoun cannot be translated directly into English. The reflexive pronoun is usually accusative, e.g. *Ich wasche **mich***. However, the reflexive pronoun is in the dative case, if the sentence already contains an accusative object, e.g. *Ich wasche **mir** die Hände*. The dative reflexive pronoun indicates 'whose' hands are being washed. The hands are the object.

- In the perfect and pluperfect tenses, reflexive verbs use the auxiliary verb *haben* because they tend to be transitive verbs with an object, e.g. *Ich habe mich gewaschen*.

- Note the imperative forms: *Wasch dich! Wascht euch! Waschen Sie sich!*

- Some verbs can be used with either a dative or accusative pronoun, often with a difference in meaning, e.g. *sich vorstellen* (to introduce oneself, to imagine):

*Darf ich **mich** vorstellen?*
May I introduce myself?

*Ich kann **mir** vorstellen, dass Sie traurig sind.*
I can imagine that you feel sad.

- The reflexive pronoun should come as close to the subject of the sentence as possible, since that is what it refers to. In a main clause this is after the main verb. In a subordinate clause it will probably be adjacent to the actual subject. If the subject is a noun, it may even come before the subject:

*Ich interessiere **mich** für Fußball.*
I am interested in football.

*Weil ich **mich** für Fußball interessiere, sehe ich mir oft die Sportsendungen im Fernsehen an.*
Because I am interested in football, I often watch sport programmes on TV.

*Weil **sich** mein Sohn für Fußball interessiert, spielt er in der Schulmannschaft.*
Because my son is interested in football, he plays for the school team.

- In their infinitive form, reflexive verbs always begin with the word *sich*:

sich waschen   to get washed
sich anziehen   to get dressed

Present tense		Imperfect tense	
sich kämmen to comb one's hair		*sich erholen* to recover	
*ich kämme **mich***		*ich erholte **mich***	
*du kämmst **dich***		*du erholtest **dich***	
*er/sie/es kämmt **sich***		*er/sie/es erholte **sich***	
*wir kämmen **uns***		*wir erholten **uns***	
*ihr kämmt **euch***		*ihr erholtet **euch***	
*Sie kämmen **sich***		*Sie erholten **sich***	
*sie kämmen **sich***		*sie erholten **sich***	

Perfect tense		Future tense	
sich beeilen	to hurry up	*sich anziehen*	to get dressed
*ich habe **mich** beeilt*		*ich werde **mich** anziehen*	
*du hast **dich** beeilt*		*du wirst **dich** anziehen*	
*er/sie/es hat **sich** beeilt*		*er/sie/es wird **sich** anziehen*	
*wir haben **uns** beeilt*		*wir werden **uns** anziehen*	
*ihr habt **euch** beeilt*		*ihr werdet **euch** anziehen*	
*Sie haben **sich** beeilt*		*Sie werden **sich** anziehen*	
*sie haben **sich** beeilt*		*sie werden **sich** anziehen*	

4.12 Impersonal verbs

There are a large number of verbs which are exclusively or commonly used impersonally, with the indefinite subject *es*. Some of these verbs you will use as a matter of course; verbs referring to the weather and *es ist/sind* and *es gibt* are regularly used. Many are followed either by a clause beginning with *dass* or an infinitive with *zu*.

es fehlt mir an etwas	I lack something
es gefällt mir	I like it
es geht um …	it's about …
es gibt …	there are …
es gilt, etwas zu tun	the thing is to do something
es handelt sich um …	it's about…
es heisst, dass …	it is said that…
es kommt auf etwas an	it depends on something
es ist mir egal	it's all the same to me
es ist mir warm/kalt	I am warm/cold
es liegt an etwas	it is due to something
es lohnt sich	it's worth it
es macht nichts	it doesn't matter
es steht schlecht um ihn	things look bad for him
es tut mir Leid	I'm sorry

4.13 Separable verbs

(See Section 4.1 Separable verbs)

4.14 Infinitive constructions

In German reference materials you will often find expressions in the infinitive form. When using them you may need to change the endings on the words (different cases/pronouns/verb endings) as well as the word order. Remember that *jdm* is short for *jemandem* ('someone') and therefore dative, and *jdn* short for *jemanden* and accusative:

vor jdm Respekt zeigen	→	**Ich zeige** Respekt vor **meiner** Mutter. Notice that the verb is the second idea. *Vor* takes the dative (as shown also by *jdm*) and therefore alters the ending on *meine*.
sich mit jdm gut verstehen	→	*Er versteht sich nicht gut mit **seinem** Stiefvater.* Once again the verb is the second idea (with the reflexive part) and *mit* needs the dative masculine form of *sein*.
mit jdm gut auskommen	→	*Sie kommt gut mit ihrer Mutter **aus**.* Here the separable part of the verb also needed to be taken into account.
jdn	→	*Er muss jemanden mitnehmen.* Here *jemanden* is the accusative in the sentence.

The infinitive with *zu*

The infinitive is used with *zu*:

- when it links back to a verb that is **not** a modal verb, e.g. *beschließen, vorhaben, versuchen*, including impersonal phrases such as *es ist angenehm*;

- in the constructions *um … zu* (in order to), *ohne … zu* (without) and *anstatt … zu* (instead of).

*Welchen Sport sollte man wirklich treiben, um schlank **zu bleiben**?*
Which sport should you do to stay slim?

*Es bringt nichts, jemanden zum Nordic Walking **zu schicken**.*
Nothing is gained by sending someone to do Nordic Walking.

With separable verbs, *zu* goes in the middle of the infinitive:

*Es kostet nichts, den ganzen Nachmittag **fernzusehen**.*
It doesn't cost anything to watch TV all afternoon.

Lassen with infinitive

Lassen has the meaning of letting or allowing someone to do something:

Er lässt mich mit seinem Computer spielen.
He lets me play with his computer.

Lassen can also have the meaning of having something done or of getting someone to do something for you. In this case it is often used together with a reflexive verb:

Ich lasse mir die Haare schneiden.
I am having my hair cut.

In the perfect tense, *lassen* remains in the infinitive form and goes at the end of the sentence:

Ich habe mir die Haare schneiden lassen.
I have had my hair cut.

Lassen can also be used as a reflexive verb, usually in the third person, with the meaning 'that can be done':

Das lässt sich machen.
That can be done.

Das Buch lässt sich leicht lesen.
The book can be read easily.

■ 5 Negative forms

- *Nicht* is frequently used when you want to express the negative. It is normally placed immediately after the verb:

*Ich fahre **nicht** mit dem Rad.*
I don't travel by bike.

*Wir bleiben **nicht** zu Hause.*
We're not staying at home.

- If you start a sentence with a phrase of time or place and use verb inversion, the *nicht* tends to come immediately after the inverted verb:

*Nächsten Sonntag fahren wir **nicht** nach Bonn.*
We are not going to Bonn next Sunday.

*Letzte Woche sind wir **nicht** aus dem Haus gegangen.*
Last week we didn't go out of the house.

- *Kein* is used to express 'none' or 'not any' (see Section 1.5). *Kein* is case sensitive and changes accordingly to *keinen, keinem, keines,* etc.:

*Ich habe im Moment **keinen** Hund.*
At the moment I don't have a dog.

*Wir haben **keine** Zeit gehabt.*
We haven't had any time.

- *Niemals* or *nie* are used for 'never':

*Wir sind **nie(mals)** nach Amerika geflogen.*
We have never flown to America.

*Sowas machen wir **nie(mals)**.*
We never do that sort of thing.

- *Kaum* is used to express 'hardly' and is not case sensitive:

*Wir essen **kaum** Fisch.*	We eat hardly any fish.
*Ich habe **kaum** geschlafen.*	I hardly slept.

■ 6 Interrogative forms

There are many different ways to form questions in German.

- Forming questions which can be simply answered by 'yes' or 'no'.

For these you simply swap the verb and the subject around so that the verb goes at the beginning of the sentence. The verb ending has to correspond to the subject that follows. English often uses the verb 'do' for this type of question (see the English translations below), but German never uses the equivalent of the verb 'do' to help form the questions.

*Träg**st** du gern Jeans?*
Do you like wearing jeans?

Haben Sie ein schwarzes Kleid?
Have you got (Do you have) a black dress?

Fährt er morgen nach Düsseldorf?
Does he go (Is he going) to Düsseldorf tomorrow?

- Forming questions which **require more**, **and more specific**, **information**.

For these you should use the following question words at the beginning of the sentence, which are then followed by the verb.

wer	who
was	what
was für + noun	what kind of/sort of + noun
warum	why
wann	when
welche/er/es (+ noun)	which (+ noun)
wie	how
wie lange	how long
wie viel	how much
wie viele	how many
wo	where
wohin	where to
woher	where from

- Forming questions with **womit, wovon, worauf**, etc.

These question words need to be used when you have verbs with a fixed preposition, e.g. *schneiden mit, warten auf,* etc.

Womit hast du den Stoff geschnitten?
What did you cut the material with?

Worauf warten Sie?   What are you waiting for?

- Forming questions with question words which ask for the accusative and dative objects of the sentence.

Ich schenke meinem Freund einen neuen Pullover.	I'm giving a jumper to my boyfriend as a present.
***Was** schenkst du deinem Freund?*	**What** are you giving your boyfriend as a present?
***Wem** schenkst du einen neuen Pullover?*	**To whom** are you giving a new jumper as a present?

Ich schicke meiner Mutter meinen Freund zum Helfen.	I send my boyfriend to my mother to help her.
***Wen** schickst du deiner Mutter zum Helfen?*	**Who(m)** do you send to your mother to help?
***Wem** schickst du deinen Freund?*	**To whom** are you sending your boyfriend to help?

7 Prepositions

In German, prepositions determine the case of the noun or pronoun that follows them.

Prepositions followed by the accusative

bis	until	bis Montag, den 30. November
durch	through	durch die Stadt
entlang	along (follows the noun)	die Straße entlang
für	for	für die Kinder
gegen	against	gegen das Internet
ohne	without	ohne meine Hilfe
um	around, at (time)	um den Park
wider	against	wider die Todesstrafe

Prepositions followed by the dative

ab	from (time)	ab nächster Woche
aus	from, out of	aus der Schule
außer	apart from	außer meinen Eltern
bei	at the house of, with	bei Ihnen
dank	thanks to (or + genitive)	dank unserem Breitband-Anschluss
gegenüber	opposite (can follow the noun)	gegenüber der Kirche
mit	with	mit dieser Technologie
nach	after, according to	meiner Meinung nach
seit	since, for	seit einem Monat
von	of, from	von mir
zu	to	zu den Zügen

Prepositions followed by both the dative and the accusative

Prepositions followed by the dative if no motion is described, or the accusative if motion is described:

an at, on, to
Warten Sie an **der** Ampel. (dative)
Fahren Sie an **die** Ampel. (accusative)

auf on, to
Was ist das auf **dem** Tisch? (dative)
Er stellt das Essen auf **den** Tisch. (accusative)

hinter behind
Er stand hinter **der** Mauer. (dative)
Er geht hinter **die** Mauer. (accusative)

in in, into
Sie wohnt in **der** Schweiz. (dative)
Wir fahren in **die** Schweiz. (accusative)

neben next to
Wir treffen uns neben **dem** Post. (dative)
Ich gehe neben **das Postamt**. (accusative)

über over, about
Ein blaues Schild hing über **der** Tür. (dative)
Gehen Sie über **die** Straße. (accusative)

unter under, among
Die Geschenke liegen unter **dem** Bett. (dative)
Die Maus ist unter **das** Bett gelaufen. (accusative)

vor in front of, ago
Sie steht vor **der** Kasse. (dative)
Stellen Sie sich vor **die** Kasse. (accusative)

zwischen between
Sie sitzt zwischen **den** Jungen. (dative)
Setz dich zwischen **die** Jungen. (accusative)

● Sometimes these prepositions have a non-literal meaning, e.g. the *auf* in *sich freuen auf* does not mean 'on top of'. For those instances it is best to learn the case with each verb or adjective:

sich freuen auf + accusative	to look forward to
sich freuen über + accusative	to be pleased about
sich erinnern an + accusative	to remember
warten auf + accusative	to wait for
Angst haben vor + dative	to be scared of

Prepositions followed by the genitive

außerhalb outside
außerhalb der Stadtmitte

dank thanks to (or + dative)
dank des Fördervereins

innerhalb inside, within
innerhalb der letzten drei Monate

statt instead of
statt einer Spritze

trotz in spite of
trotz meiner Bemühungen

während during
während der Sendung

wegen because of
wegen der hohen Kosten

anlässlich on the occasion of
anlässlich seines Geburtstages

Contractions of preposition + definite article

an + das = ans
an + dem = am
bei + dem = beim
in + das = ins
in + dem = im
von + dem = vom
zu + der = zur
zu + dem = zum

8 Clause structures

There are various rules governing the order of words in a sentence in German, usually relating to the position of the verb within the sentence.

● In a simple sentence, the main verb must always be the second idea of that sentence.

*Ich **besuche** nächstes Jahr meine Freunde in Deutschland.*
I'm going to visit my friends in Germany next year.

● You can put almost any other part of a sentence at the beginning of the sentence, as long as the verb comes second and is then followed by the subject. The meaning of the sentences does not really change. Expressions of time and place occur at the beginning of the sentence to place more emphasis on them.

*Nächstes Jahr **besuche** ich meine Freunde in Deutschland.*

● When expressions of time (*am Nachmittag*), manner (*mit Freunden*), and place (*ins Kino*) occur after the verb, this order applies:

	Time	Manner	Place
Ich gehe	*am Nachmittag*	*mit Freunden*	*ins Kino.*

● Certain conjunctions (words that join sentences or clauses together) send the verb to the end of that sentence or clause, in which case the clause is normally called a subordinate clause. These conjunctions are: *weil* (because), *wenn* (when, if) , *als* (when), *dass* (that), *ob* (whether), *obwohl* (although), *obgleich* (although), *während* (during), *bevor* (before), *bis* (until), *sobald* (as soon as), *damit* (so that), *falls* (in case), *nachdem (after)*, *seitdem* (since).

*Ich kaufe mir ein neues Kleid, **wenn ich** genug Geld **habe**.* I'm going to buy a new dress if I have enough money.

*Es ist schade, **dass du** nicht mitkommen **kannst**.* It's a shame that you can't come along.

● If a subordinate clause starts the sentence, it counts as the first idea in the whole sentence and is then followed by the main verb.

***Weil** ich nicht genug Geld **habe**, **kaufe** ich mir kein neues Kleid.* Because I've not got enough money, I'm not going to buy a new dress.

● A few conjunctions do not affect the position of the verb in the second clause. They are called co-ordinating conjunctions, and simply join two sentences (or clauses) together. These are *und*, *aber*, *denn*, *oder*, *sondern*.

*Ich gehe heute in die Stadt, **denn** meine Mutter **kauft** mir ein neues Kleid.* I'm going into town today because my mother is going to buy me a new dress.

9 Subordinate clauses and conjunctions

● A subordinate clause is a part of a sentence that cannot normally stand on its own, but is attached to a main clause by a subordinating conjunction such as 'after' or 'because'. In German the verb in a subordinate clause goes to the end of that clause, but the form of the verb does not change when it moves to the end of the sentence. There is normally a comma before the conjunction:

*Sie **war** 1982 die zweitjüngste Profispielerin aller Zeiten.* (In 1982 she was the second youngest professional player of all time.) *..., indem sie 1982 die zweitjüngste Profispielerin aller Zeiten **war**.*

● Where there are two verbs in a subordinate clause, it is the one with a 'finite' ending, i.e. **not** an infinitive or past participle, which goes to the end:

*Sie **wollte** notleidende Kinder in der Dritten Welt unterstützen und **fördern**.* (She wanted to support and promote needy children in the Third World.) *... weil sie notleidende Kinder in der Dritten Welt unterstützen und **fördern wollte**.*

● When the verb is separable, the two parts are joined together to form a single word:

*Sie **trat** als Botschafterin dem WWF (World Wildlife Fund) **bei**.* (She represented the WWF.) *... dass sie als Botschafterin dem WWF (World Wildlife Fund) **beitrat**.*

● If the subordinate clause introduces the sentence, the subject and verb of the main clause are then inverted, with a comma to separate the two clauses. This results in the 'verb – comma – verb' pattern:

*Als sie 1987 die French Open **gewann**, **zählte** sie schon zu den populärsten Sportlern der Welt.* When she won the French Open in 1987, she was one of the most popular sportspeople in the world.

● Most common subordinating conjunctions:

als	when (one occurrence in the past)
als ob	as if
bevor	before
bis	until
da	as, since (often used at the beginning of a sentence)
damit	in order that, so that (intention)
dass	that
je	the (in phases such as 'the harder I work...')
nachdem	after
ob	whether, if
obwohl, obgleich	although
seit, seitdem	since
so dass	so that (result)
sobald	as soon as

solange	as long as
während	while, whereas, during
weil	because
wenn	if, when (in the sense of 'whenever')
wie	as, how + relative pronouns *der, die, das* etc.

- Subordinate word order is also used after question words, e.g. *warum*, *wie*, in indirect questions, i.e. when we report someone's speech without quoting their actual words:

*Ich weiß nicht, **warum** das heute passiert **ist**.*
I don't know why that has happened today.
(compare with the direct question: **Warum ist das** *heute passiert?* Why has that happened today?)

- It is not possible to place one subordinating conjunction directly after another. Instead each clause must be finished before the next one begins:

incorrect: *Ich war schlechter Laune, weil, als ich aufgestanden bin, es kalt war.*

correct: *Ich war schlechter Laune, weil das Wetter kalt war, als ich aufgestanden bin.* I was in a bad mood because it was cold when I got up.

- The following are co-ordinating conjunctions and are therefore followed by normal word order:

aber	but
denn	because, for (a useful alternative to *weil*)
oder	or
sondern	but (following a negative statement)
und	and

- Words such as *also*, *auch* and *deshalb* are adverbs and are usually followed by inversion:

*Wir haben das Spiel verloren, **also waren wir** enttäuscht.* We lost the game, so we were disappointed.

10 Use of *seit* and *seitdem*

- The word *seit* is used to express the length of time that an activity has been going on. The present tense is used if the activity is still going on:

Ich wohne seit acht Jahren in Manchester.
I have been living for eight years in Manchester (am still living there now).

- Use *seit* with the simple past to express what had happened at a previous time:

Ich arbeitete seit achtzehn Monaten in Bayern.
I had worked for eighteen months in Bavaria.

- *Seit* is also used to translate 'since':

Wir haben die Kinder seit Weihnachten nicht gesehen.
We haven't seen the children since Christmas.

Seit letzter Woche haben wir nichts mehr von ihm gehört.
Since last week we haven't heard anything more from him.

- *Seitdem* is used adverbially and has the meaning 'since then':

Paul hat seine Frau seitdem nicht gesehen.
Paul hasn't seen his wife since (then).

11 Expressions of time

- Time phrases without a preposition are usually in the accusative case:

Wir waren drei Monate in Österreich.
We were in Austria for three months.

Sie hat den ganzen Tag am Strand verbracht.
She spent the whole day at the beach.

Er kommt jeden Tag zu Besuch.
He visits every day.

- The genitive case is used in certain set expressions:

eines Tages, eines Nachts (even though *Nacht* is feminine)

- Prepositions are used as follows:

für + accusative: 'for' when looking into the future: *Morgen fahre ich für eine Woche in die Schweiz.*

um + accusative: 'at' with clock times: *um acht Uhr dreißig, um Mittag*

an + dative: 'on' with dates, days or parts of a day: *am Montag, am Nachmittag*

nach + dative: 'after': *nach vielen Jahren*

seit + dative: 'for' or 'since', usually referring to a period of time leading up to the present (see Section 8 for further information): *seit einer Woche, seit letztem Jahr*

vor + dative: 'ago': *vor Jahrhunderten*

in + dative: 'in' or 'at' in most other contexts: *in der Nacht, in drei Minuten, im Augenblick*

Glossar

A

abbrechen *to break off*
abfahren *to depart, leave*
der Abfall ("e) *rubbish*
abgehen *to go off, wear off*
abhängig von + *dative* *dependent on*
die Abhängigkeit *addiction, dependency*
abhauen *to run away*
ablehnen *to refuse*
abliefern *to deliver*
ablösen *to replace*
abrufen *to retrieve*
abschätzen *to assess*
abspielen *record*
der Abstoß("e) *kick*
die Abteilung (en) *department*
die Abwechslung (en) *variety*
abweichen *to divert, deviate*
abwesend *absent*
achten auf + *accusative* *to pay attention to*
die Achterbahn (en) *roller coaster*
ade *farewell*
ähnlich *similar*
allgemein *general(ly)*
der Alltag *daily grind*
das Alter *age*
der Amoklauf ("e) *crazed action*
sich amüsieren *to enjoy oneself*
anbieten *to offer, provide*
der Anblick (e) *sight*
anbringen (hat angebracht) *to attach*
anders als *different from*
die Anforderung (en) *requirement, demand*
das Angebot (e) *offer*
der Angestellte (n) *employee*
angreifen *to attack*
anhalten *to stop, pause*
anlegen *to invest*
anlocken *to attract*
die Anmeldung (en) *announcement*
annehmen *to accept, assume*
sich anpassen + *dative* *to adapt to*
anregen *to motivate, incite*
sich ansehen *to take a look at, examine*
ansprechen *to speak to, to approach*
der Anspruch ("e) *demand, requirement*
anwendbar *applicable*

die Anzeige (n) *advertisement (usually printed)*
die Arbeitsbedingungen *working conditions*
auf die Nerven gehen *to get on one's nerves*
auf/weisen *to show, exhibit*
auffallen *to stand out, attract attention*
aufgeben *to give up*
aufgedruckt *printed (on something)*
aufhalten *to hold up, arrest*
aufhören *to stop*
aufklären *to tell, enlighten*
auflegen *to apply, publish*
aufmachen *to open*
aufmerksam machen auf + *accusative* *to draw attention to*
die Aufnahmetechnik (en) *recording techniques*
aufnehmen *to record*
aufpassen *to pay attention*
die Aufregung (en) *stir*
Aufsehen erregen *to draw attention, cause a sensation*
aufteilen *to split up*
ausbaufähig *capable of development*
die Ausbildung *training*
die Ausdauer *stamina, endurance*
ausdrücken *to express*
die Auseinandersetzung (en) *disagreement*
ausgezeichnet *excellent*
auskommen mit + *dative* *to manage, get by*
auslassen *to vent, let out*
der Auslöser (-) *trigger, cause*
das Ausmaß (e) *extent*
der Ausnahmsfall ("e) *exception*
die Ausrede (n) *excuse*
ausreichen *to be enough*
ausrichten *to arrange*
ausrüsten *to equip*
außerdem *also, besides*
aussprechen *to pronounce*
der Azubi = Auszubildende (n) *trainee, apprentice*

B

der Bach ("e) *stream*
der Ballaststoff (e) *roughage, fibre*
das Bargeld *cash*
bauen *to build*
der Beamte (n) *official*
bedauern *to be sorry, regret*
bedeuten *to mean*

bedeutend *meaningful*
bedrohlich *threatening*
bedroht *threatened*
das Bedürfnis (se) *necessity*
beenden *to end*
begegnen + *dative* (with *sein* in perfect tense) *to meet, encounte*
begehrenswert *desirable*
sich begeistern für + *accusative* *to be keen on*
begleiten *to accompany*
begutachten *to examine*
behalten *to keep, retain*
beherrschen *to control, master*
die Behörden (*plural*) *authorities*
beibringen *to teach*
beiseite *to the side*
beitragen (zu) + *dative* *to contribute (to)*
beitreten + *dative* *to join*
bekannt geben *to advertise, announce*
belasten *to stretch, put load on*
belebend *invigorating*
benützen *to use*
bequem *comfortable*
die Bereichung *enrichment*
bereiten *to afford, cause*
bereitstellen *to provide*
beruhigen *to calm*
berühren *to touch*
beschäftigt *busy*
sich beschweren *to complain*
der Besitzer (-) *owner*
bestätigen *to confirm*
bestehend *existing*
bestimmte Kanäle *certain channe*
bestrafen *to punish*
der Betreuer (-) *supervisor, key worker*
der Beutel (-) *bag*
bevorzugen *to prefer*
sich bewegen *to move*
sich bewerben *to apply for*
der Bewerber (-) *the applicant*
bewerten *to judge*
bewundern *to admire*
die Beziehung (en) *relationship*
bieten *to offer*
die Bindung (en) *bond*
der Blödsinn *nonsense*
bloß *merely*
der Botschafter *ambassador*
die Brennessel *nettle*
das Bundesland ("er) *German state*
der Bürger (-) *citizen*
burschikos *(tom)boyish*

C

der CD-Rohling *rewritable CD*
chemisch behandelt *chemically treated*

D

d.h. = das heißt *that is, in other words*
damals *then, at that time*
darstellen *to represent*
der Darsteller (-) *actor*
dauern *to last*
den Überblick verlieren *to lose track*
dienen als *to serve as*
der Dreck *mess*
drehen *to turn, revolve*
der/die Drogenabhängige (*adjectival noun*) *person dependent on drugs*
der/die Drogensüchtige (*adjectival noun*) *drug addict*

E

echt *real*
ehemalig *former*
der Ehering (e) *wedding ring*
die Ehre *honour*
eigenartig *odd, quirky*
die Eigenschaft (en) *characteristics*
der Einbeziehung *inclusion*
der Einfluss (¨e) *influence*
eingehende *incoming*
der Einklang *harmony*
einladen *to invite*
die Einrichtung (en) *facility*
einsam *lonely*
die Einsamkcit *loneliness*
sich einschließen *to shut oneself away*
einschließlich *inclusive*
die Einschränkung *restriction*
einsetzen *to use*
der Elch (e) *elk*
der Empfang *acceptance, receipt*
der Empfänger (-) *recipient*
entdecken *discover*
entfallen auf + accusative *to be allotted to*
entfernt *distant*
entgegenwirken + dative *to counter*
sich entscheiden *to decide*
entscheidend *decisive*
die Entscheidung (en) *decision*
sich entschuldigen *to apologise*
entsetzlich *horrendous*
entstehen *to arise*
enttäuscht *disappointed*
entweder ... oder *either ... or*
entwerfen *to design*
sich entwickeln *to develop*
entwickeln *to develop*

der Entzug *withdrawal*
ereignen *to happen*
erfahren *to learn, find out*
die Erfindung (en) *invention*
erfolgreich *successful*
die Erforschung (en) *exploration*
die Erfüllung *fulfilment*
erhalten *to keep up*
crhcblich *important*
erklären *to declare, to explain*
die Erlaubnis (se) *permission*
das Erlebnis (se) *experience*
ermöglichen *to make possible*
erobern *to conquer*
der Ersatz (¨e) *replacement*
erscheinen *to appear*
die Erschöpfung *exhaustion*
erschossen *shot*
ersetzen *replace*
die Erstaufführung (en) *the first showing, premiere*
der erste Eindruck *the first impression*
erstellen *to author, write*
erweitern *to expand*
die Erziehung *education*
etwa *around, approximately*
etwas *something*
sich etwas beschaffen *to obtain something*
etwas Entscheidendes *something crucial*
sich etwas zulegen *to get oneself sth.*

F

fabelhaft *fabulous*
die Fähigkeit (cn) *ability*
fehlen *to be lacking*
feinfühlig *sensitive*
dic Fernbedienung (en) *remote control*
Filme drehen *to make films*
die Flucht *escape*
flüchten *to flee*
die Flüssigkeit (en) *fluid*
fordern *to demand*
die Forderung (en) *requirement, demand*
fortsetzen *to continue*
die Freizeitbeschäftigung (en) *hobby*

G

ganz *quite, completely*
gar nicht *not at all*
das Gebiet (e) *area*
das Gebirge *mountain range*
die Geborgenheit *security*
die Gebühr (en) *tax, fee*
geduldig *patient*
der Gegensatz (¨e) *opposite*
das Gegenüber *person opposite to you*
das Gehalt *earnings, pay*
die Gelegenheit (en) *opportunity*
gelegentlich *occasionally*

gelohnt (from *lohnen*) *to be worth it*
genießen *to enjoy*
geraten *to become*
gerecht *just, fair*
geringe Konzentrationsfähigkeit *short concentration span*
geschieden *divorced*
gesellschaftlich *social*
der Gesichtsausdruck (¨e) *facial expression*
das Gespräch (e) *conversation*
das Gespür *feeling*
gestalten *shape, organise*
getrennt *separated*
die Gewalt *violence*
gewalttätig *violent*
gewaltverherrlichend *glorifying violence*
die Gewissheit *certainty*
sich gewöhnen an *to get used to*
die Gewohnhcit (cn) *habit*
das Gewürz (e) *spice*
die Gleichaltrigen *people of the same age*
grenzenlos *boundless*
großartig *brilliant*
großzügig *generous*
gründen *to found, to start up*
günstig *convenient, beneficial*
gut mit jdm auskommen *to get on well with someone*

H

der Handel *business, trade*
handeln *to act*
sich handeln um + accusative *to be a question of*
der Hanf *hemp*
der Haupternährer *main breadwinner*
das Heimweh *homesickness*
der Held (en) *hero*
die Herausforderung (en) *challenge*
herauskommen *to come out*
herausstreichen *to lay great stress upon*
die Herkunft *origin*
herstellen *to produce*
das Herumtoben *frolics, play fights*
herunterladen *to download*
hervorragend *outstanding*
heutzutage *nowadays*
das Hindernis (se) *hinderance*
die Höchstform *top form*
hochwertig *high-quality*
der Hof (¨e) *the court of the king*
der Höhepunkt (e) *highlight*
hübsch *pretty*
der Hubschrauber (-) *helicopter*

I

im Freien *outdoors*
im Kommen *'in', 'the thing'*
im Notfall *in an emergency*
im Voraus *in advance*
immer noch *still*
in Maßen *in moderation*
sich in meine Lage versetzen *to put oneself in my position*
inbegriffen *included*
die Initiative *initiative*
insbesondere *in particular*
irgend *any*

J

die Jagd (en) *hunt*
je … desto mehr *the more … the more*
jeder … *every …*
jener … *that, those …*
jeweilig *appropriate, respective*
das Jugendamt *youth welfare office*

K

das Kästchen (-) *box*
die Kaufleute *merchants*
keine Ahnung *no idea*
die Kindererziehung *raising the children*
klaglos *without complaint*
der Klang (¨e) *the sound*
die Kleinanzeige (n) *small ad*
der Klimawandel *climate change*
die Kluft (¨e) *gap*
kneifen *to pinch, to be too tight*
knurrig *grumpy*
die Konkurrenz *competition*
die Kontaktbörsen *dating agencies*
der Krach *crash, row*
die Kraft *strength*
der Kreislauf *circulation*
krönen *to crown*
der Kulturkreis (e) *society*
sich kümmern um + *accusative to look after*
künftig *in future*
der Kunstdünger *artificial fertilizer*
künstlich *artificial*

L

lächeln *to smile*
der Lärm *noise*
lässig *casual*
lästig *tiresome*
lauern *to lurk*
der Laufsteg (e) *catwalk*
launisch *moody*
der Lebensraum (¨e) *habitat*
lebhaft *lively*
ledig *single*

die Leidenschaft (en) *passion*
die Leinwand (¨e) *screen*
lenken *to steer*
der Lohn (¨e) *wage*
losrennen *to start running*

M

das Mädchen von nebenan *the girl from next door*
mager *skinny*
der/die Magersüchtige (n) *anorexic person*
maskiert *masked*
messen *to measure*
der Misserfolg *disappointment*
mit bloßem Auge *with the naked eye*
mitwirken *to participate*
der/die Modebewusste (n) *fashion victim*
der Morgenmuffel *person who is grumpy in the morning*
die Mühe (n) *effort*
mühsam *tiresome, tedious*

N

nachhaltig *sustainable*
die Nachrichten *news*
der Nachteil (e) *disadvantage*
nachwachsend *(here) next*
der Nachwuchsschauspieler (-) *talented young actor*
nebenbei *on the side, while doing something else*
die Neigung (en) *inclination, tendency*
noch einmal *once again*
noch nicht *not yet*
nochmal *once again*
der Notizzettel (-) *notepad*
notleidend *needy*
notwendig *necessary*

O

die oberen Stände *upper classes*
öffentlich *public*
Öko- *eco-*
die Ostsee *Baltic Sea*

P

passen *to fit*
passend *fitting*
per Knopfdruck *via pressing a button*
die Pflicht (en) *duty*
die Phantasie *imagination*
platzsparend *space-saving*
plaudern *to chat*
probieren *to try*

R

der Rausch *intoxication, a 'high'*
der Rechner (-) *computer*

das Recht (e) *the right*
sich recken *to stretch (body)*
der Reisende (n) *passenger, tourist*
das Reiseziel (e) *travel destination*
reizbar *irritable*
die Reizbarkeit *irritability*
das Rentier (e) *reindeer*
retten *to save*
die Rippen *ribs*

S

sämtlich *alltogether*
sanft *gentle*
satt *full*
satt haben *to be fed up*
schaden *to damage*
schaufeln *to dig*
die Schauspielausbildung *training as an actor*
die Scheidungsrate (n) *divorce rate*
das Scheitern (-) *breakdown*
schieben (schob, geschoben) *to shove*
schlampig *sloppy*
schlechte Karten haben *to have a bad deal*
das Schlittenfahren *sleighing*
die Schmerzlinderung *pain relief*
schnaufen *to puff, to pant*
der Schokoriegel (-) *chocolate bar*
schräg *diagonal*
die Schuld geben *to blame sb/sth*
schulden *to owe*
Schüsse fallen *shots are fired*
die Schwangerschaft (en) *pregnancy*
schwärmen *to enthuse*
schweben *to float*
das Seebad (¨er) *seaside resort*
seelisch *mental, psychological, spiritual*
die Sehnsucht nach + *dative longing for*
seitdem *since*
selbstverständlich *natural, nothing special*
die Selbstverwirklichung *self-realisation*
setzen auf + *accusative to bet on*
skrupellos *without scruples*
die SMS-Mitteilung (en) *text message*
die Sorgepflicht *duty of care*
der Sprungkraft *bounce*
der Stadtrat (¨e) *town council*
das Stängelchen (-) *little stick*
stattfinden *to take place*
die Steuerhinterziehung *tax evasion*
die Stiftung (en) *foundation*
die Stilmittel (-) *stylistic means, stylistic device*
stimmen *to add up, be right*
der Streit (e) *quarrel*
streiten *to argue*

die Sucht *addiction*
die Süchtigkeit *addiction*
    synchronisieren *to dub*

T

der Täter (-) *perpetrator*
    tatsächlich *actually, really*
der Torwart (e) *goalkeeper*
der Trauschein *marriage certificate*
sich tummeln *to romp*
das Turngerät *gymnastic equipment*

U

das Übel *evil*
    übereinstimmen *to agree*
die Überflutung (en) *flood*
    überfordert *overstretched*
die Überforderung (en) *excessive strain*
das Übergewicht *obesity*
    überhaupt *at all, of all time*
    überlastet *overloaded*
    überragen *to tower above*
    überwiegend *prevailing*
    üblich *normal, customary*
    umgekehrt *the other way round*
    umstritten *controversial*
der Umzug *moving day*
    unbedingt *without fail, necessarily*
    unbekümmert *unconcerned, without worrying*
    unerschöpflich *inexhaustible*
    unscheinbar *inconspicuous (unattractive)*
    unsichtbar *invisible*
die Unterhaltung *entertainment*
die Unterkunft *accommodation*
das Unternehmen (-) *company*
sich unterscheiden *to differ*
    unverzichtbar *indispensable*
    usw. = und so weiter *etc., and so on*

V

sich verabschieden *to say goodbye, take one's leave*
    verachten *to despise*
    verändern *to change*
die Veranstaltung (-en) *function, conference*
die Verantwortung (en) *responsibility*
die Verantwortungsübernahme *acceptance of responsibility*
der Verband ("e) *association*
sich verbergen *to lie hidden*
    verbreiten *to widen, to roll out*
die Verbreitung *spread*
    verdeckt *covered up*
    vereinbaren *to agree*
    verfügen über + *accusative to have at one's disposal*
die Vergangenheit *past*

    vergleichbar *comparable*
das Verhalten *behaviour*
das Verhältnis (se) *relationship, affair*
    verheerend *devastating, disastrous*
    verlangen *to demand*
sich verlassen auf + *accusative to rely on*
    verleiten *to tempt*
    vermeiden *to avoid*
    vermitteln *to convey*
    vermuten *to presume*
    vernachlässigen *to neglect*
    verpassen *to miss*
    verschieden *different*
sich verstehen mit + *dative to get on well with*
der Vertreter (-) *representative*
    verwalten *manage*
die Verwandtschaftsgruppe (n) *group of relatives*
    verzichten auf + *accusative forgo*
    verzichten auf + *accusative to do without*
die Verzögerung (en) *delay*
    verzweifelt *despairing, desperate*
die Vielfalt *variety*
    völlig *totally*
das Vollkorn-Getreide *wholemeal cereal*
    vollständig *complete*
    vorbildlich *examplary*
die Vorfreude *anticipation*
    vorführen *to perform*
    vorherrschend *dominant*
die Vorkehrung (en) *precaution*
die Vorliebe (n) *passion*
die Vorschriften *rules*
die Vorstellung (en) *perception*
das Vorstellungsgespräch *the job interview*
der Vorteil (e) *advantage*

W

    waagerecht *vertical(ly)*
    wählen *to choose, vote*
    wahrscheinlich *probably*
die Währung (en) *currency*
der Wandel *change*
    was mich betrifft *in as far as I am concerned*
    was sie mit sich anfangen sollen *what to do with themselves*
das Watt (en) *mud-flats*
der Wechsel *change*
    wegbleiben *stay away*
    wegen *because of, due to*
    weglenken *to divert*
    weich *soft*
    weiche/harte Drogen *soft/hard drugs*
sich weigern *to refuse*
    weiterhin *to carry on*

    weiterleiten *to refer, pass on*
die Welle (n) *wave*
das Wellenreiten *surfing*
der Wellness *well-being*
die Werbeagentur (en) *advertising agency*
die Werbekampagne (n) *advertising campaign*
    werben für + *accusative to advertise for*
die Werbepause (n) *advert break*
der Werbespot (s) *advertisement (e.g. TV)*
der Werbespruch ("e) *advertising slogan*
der Werbeträger (-) *advertising medium*
die Werbung (en) *advert, advertising*
der Wertgegenstand *object of value*
der Wettbewerb(e) *competition*
    wie Lauffeuer *like wildfire*
die Windel (n) *nappy*
    wirtschaftlich *economic*
das Wissen *knowledge*
das Wohlbefinden *well-being*
das Wohlergehen *welfare*
sich wohlfühlen *to feel good*
der Wolkenkratzer (-) *skyscraper*
die Wüste (n) *desert*

Z

    zählen zu + *dative to be one of*
    zärtlich *tender*
    Zeit verschwenden *to waste time*
    zickig *silly*
    zippeln *to pull*
der Zufall ("e) *coincidence*
    zufällig *coincidentally*
    zufrieden *content*
    zukommen auf + *accusative to approach*
die Zukunft *future*
    zum Nachdenken anregen *to make one think*
    zunehmen *to increase*
    zur Tat treiben *to drive to action*
    zur Verfügung stehen *to be available*
    zurückdrehen *to turn back*
    zurücktreten *to retire*
das Zusammengehörigkeitsgefühl *feeling of belonging*
    zusammenstellen *to put together*
die Zusammenstellung (en) *collection*
    zusätzlich *additional*
der Zuschauer (-) *spectator, viewer*
der Zustand ("e) *condition*
    zwicken *to pinch*
    zwingen *to force*

Acknowledgements

The authors and publisher would like to thank all those, whose help has contributed to the development and publication of the book. In particular:
Marieke O'Connor for editing the materials
Julie and Andy Green, Harriette Lanzer, Elke Thorpe and Sascha Milenkovic

The author and publisher would also like to thank the following for permission to reproduce material:
p10, www.klack.de; p14, www.freenetTV.de; p17, from de.wikipedia. org/wiki/Werbung#Grundlagen; p18, from www.mfps.de and de.wikipedia.org/wiki/Verkehrsmittelwerbung; p20, from www. marie-herberger.de/mediawiki/index.php/Werbungsanalyse; p22, A from www.sowieso.de, B from www.kreativrauschen.de; p26, from www.global-traffic.de; p28, from www.kssa.de; p30, from jetzt. sueddeutsche.de; p38, from wissen.spiegel.de; p52, from www.amica. de; p54, from www.boyng.de; p58, A www.hfv-online.de, B www. funsporting.de; p60, from www.welt.de; p62, from www.whoswho. de; p65,(cartoon) Bundeszentrale für gesundheitliche Aufklärung; p66, from www.fh-welcome.de; p68, from www.cleverefrauen.de; p70, from www.abendblatt.de and www.tagesspiegel.de; p73, from www.tatsachen-ueber-deutschland.de; p74 A from www.magazine-deutschland.de, B www.adacreisen.de, C www.nordische-abenteuer. eu; p76, Analyse zur Zukunft des Reisens: durchgeführt vom BAT Freizeit-Forschungsinstitut, im Auftrag von American Express Travelers Cheque & Prepaid Services; p78, from www.tagesspiegel. de; p86, from de.wikipedia.org/wiki/Generationenkonflikt and www.vhs-bw.de; p90, www.onlinetests.ch; p92 from www.mein-kummerkasten.de; p94, from www.gofeminin.de; p102, from www. artikel-infos.de

Front cover photograph courtesy of Corbis/Roy Botterell

Photographs:
p9 Jose Luis Pelaez, Inc./CORBIS; p10 ARD/Anja Glitsch; p11 Franck Camhi. Image from BigStockPhoto.com; p13 iStockphoto. com/Reuben Schulz, iStockphoto.com/Bobby Earle, iStockphoto. com/Matjaz Boncina; p14 dotshock – Fotolia.com; p15 Alexander van Deursen – Fotolia.com, iStockphoto.com/Effinity Stock Photography, iStockphoto.com/Alberto Pomares, iStockphoto. com/Devon Stephens; p16 Jose Luis Pelaez, Inc./CORBIS; p17 vario images GmbH & Co.KG/Alamy; p19 Toyota logo and slogan courtesy of Toyota (GB) PLC; p22 iStockphoto.com/Joseph Luoman; p24 vario images GmbH & Co.KG/Alamy; p25 iStockphoto.com/Sean Locke, iStockphoto.com/Greg Nicholas, iStockphoto.com/Feng Yu, iStockphoto.com/Milos Luzanin, iStockphoto.com/Kenneth Cheung, iStockphoto.com/Hirlesteanu Constantin-Ciprian, iStockphoto. com/Marcus Lindström; p26 Aleksey Klementiev. Image from BigStockPhoto.com, Ronald Hudson. Image from BigStockPhoto. com; p28 Adrian Sherratt/Alamy; p30 iStockphoto.com/xyno; p32 iStockphoto.com/Sean Locke; p33 vario images GmbH & Co.KG/ Alamy; p34 Adam Nemser/PHOTOlink/allactiondigital.com, Content Mine International/Alamy; p35 iStockphoto.com/Kevin Russ, iStockphoto.com/Juan Monino, iStockphoto.com/Dan Eckert, iStockphoto.com/Quavondo Nguyen, iStockphoto.com/RichVintage;

p36 Sean Gallup/Staff/Getty; p38 travelstock44/Alamy; p40 vario images GmbH & Co.KG/Alamy; p41 Pictorial Press Ltd/Alamy; p42 Lebrecht Music and Arts Photo Library/Alamy, Mary Evans Picture Library/Alamy, Lebrecht Music and Arts Photo Library/ Alamy, Pictorial Press Ltd/Alamy, Lebrecht Music and Arts Photo Library/Alamy, Lebrecht Music and Arts Photo Library/Alamy; p44 iStockphoto.com/Leslie Banks, iStockphoto.com/Quavondo Nguyen; p45 iStockphoto.com/Lise Gagne; p46 Content Mine International/Alamy, Joerg Carstensen/DPA/PA Photos, DPA Deutsche Press-agentur/DPA/PA Photos, Michael Sohn/AP/PA Photos, Marco Prosch/Getty; p48 Pictorial Press Ltd/Alamy; p49 Frances Roberts/Alamy; p50 Eric Simard. Image from BigStockPhoto. com; p51 iStockphoto.com/Kateryna Govorushchenko, iStockphoto. com/Alexander Yakovlev, iStockphoto.com/Zdenka Micka, Bonita Cheshier. Image from BigStockPhoto.com; p52 uli nusko/Alamy; p54 Jeff Kravitz/Getty; p56 Frances Roberts/Alamy; p57 iStockphoto. com/Alexander Hafemann, iStockphoto.com/fabphoto, iStockphoto. com/Michael Krinke, iStockphoto.com/Christophe Schmid, iStockphoto.com/Eliza Snow; p58 Tengku Mohd Yusof/Alamy, Wayne Johnson. Image from BigStockPhoto.com; p60 Christophe Schmid – Fotolia.com; p62 Reuters/CORBIS; p63 contacted info@ walti-rauber.ch, iStockphoto.com/Radu Razvan; p64 iStockphoto. com/Alexander Hafemann, iStockphoto.com/fabphoto, iStockphoto. com/Michael Krinke, iStockphoto.com/Christophe Schmid, iStockphoto.com/Eliza Snow; p65 Don Smetzer/Alamy, cartoon from http://www.a-connect.de/strasse.php, vario images GmbH & Co.KG/Alamy; p66 iStockphoto.com/Nicholas Belton, iStockphoto. com/Marcelo Wain, iStockphoto.com/sx70; p68 iStockphoto. com/Daniele Barioglio, iStockphoto.com/Effinity Stock Photography; p70 iStockphoto.com/Dmitriy Shironosov, iStockphoto.com/Dmitriy Shironosov, iStockphoto.com/Dmitriy Shironosov; p72 Don Smetzer/ Alamy; p73 Martin Shields/Alamy, Kai Michael Neuhold – Fotolia. com; p74 iStockphoto.com/Lucyna Koch, iStockphoto.com/David Franklin, rich1 – Fotolia.com; p76 iStockphoto.com/Steven Allan, iStockphoto.com/vera bogaerts; p78 iStockphoto.com/Ryan Howe; p80 Martin Shields/Alamy; p81 iStockphoto.com/Karen Roach; p82 iStockphoto.com/Igor Burchenkov, iStockphoto.com/BlaneyPhoto, iStockphoto.com/Kevin Russ; p84 iStockphoto.com/Justin Horrocks, iStockphoto.com/Quavondo Nguyen, iStockphoto.com/Mary Gascho, iStockphoto.com/naphtalina, iStockphoto.com/Justin Horrocks; p86 iStockphoto.com/Nina Shannon, iStockphoto.com/Jamie Carroll; p88 iStockphoto.com/Karen Roach; p89 iStockphoto.com/Chris Schmidt; p91 iStockphoto.com/Miao Long; p92 iStockphoto. com/Stock Photo NYC, iStockphoto.com/M. Eric Honeycutt; p95 iStockphoto.com/Fanelie Rosier; p96 iStockphoto.com/Chris Schmidt; p97 iStockphoto.com/Tracy Whiteside; p98 iStockphoto. com/Stephanie Horrocks, iStockphoto.com/Effinity Stock Photography; p100 iStockphoto.com/Krystian Kaczmarski; p102 Pictorial Press Ltd/Alamy; p103 AFP/Staff/Getty; p104 iStockphoto. com/Tracy Whiteside

Every effort has been made to trace the copyright holders but the publisher will be pleased to make the necessary arrangements at the first opportunity if there are any omissions.